それぞれの園のための
就業規則

コンプライアンス・内部統制・マネジメント

安岡知子（人財コンサルタント・特定社会保険労務士）
監修：**桑戸真二**（株式会社福祉総研）

保育ナビ
ブック

はじめに

　本書をお手にとっていただき、ありがとうございます。

　私は人財コンサルタントとして、認定こども園、保育所、幼稚園等（以下、まとめて園とします）の園長先生をサポートしています。

　園に携わるようになったのは、わが子が園に通うようになってからのことです。初めての子育てには戸惑うことが多く、園の先生方との何気ない会話にずいぶんと助けられました。わが子だけでなく親育てもしてもらったことを、大変感謝しています。

　その後ご縁があり、7年半ほど園で勤務をしました。管理職として園の業務をしていく中で、園運営は人によるところが大きいと実感し、社会保険労務士の資格を取りました。当時勤務していた園で、どうしたら運用とのズレが修正できるのか、やりたいことが実現できるのかと悩みながら就業規則を改定し、運用したことが、就業規則に携わることになったスタートです。

　現在は、人財コンサルタントとして、園長先生から法人経営や園運営についてのお考えをお聞きし、一緒に考え、人事・労務を中心にご提案やアドバイスをしています。

　本書では、施設形態、地域、規模など様々な園が登場します。困っていることの改善に向けて、やりたいことの実現に向けて、それぞれの園長先生が考えをまとめ、方向性を決め、「こんなマネジメントがしたい」と意思をもって就業規則を書き換えていきます。そして、職員と共に試行錯誤しながら取り組んでいる様子をご紹介しています。登場する園長先生のマネジメントの観点は、本書を手に取っておられる先生方のマネジメントの観点と重なり合うものもあるかもしれません。

　こうした事例が、めざす法人経営や園運営の実現に向けて、それぞれの園の就業規則を考える上でのヒントとなればうれしく思います。

人財コンサルタント
特定社会保険労務士
安岡 知子

保育ナビブック

それぞれの園のための就業規則
コンプライアンス・内部統制・マネジメント

はじめに ………………………………………………………………………… 3

（ プロローグ対談 ）

一人ひとりの職員の力が発揮され、
チームとしての保育が最大限に展開できる園をめざして ………………… 6

第 1 章
労働時間を考える

1 法人理念から求める職員像を可視化する ……………………………… 10

2 制約が多い1年単位の変形労働時間制を理解する ………………… 12

3 使い勝手のよい1カ月単位の変形労働時間制 ……………………… 14

4 マネジメントの観点を取り入れた1カ月単位の変形労働時間制 …… 16

5 暦日休日と半日休日 ………………………………………………… 20

6 1カ月単位の変形労働時間制のまま労働日数を増やす ………… 22

7 交代制と分割によって休憩をとる ……………………………… 24

8 労働時間を把握する ……………………………………………… 28

9 時間外労働を把握する …………………………………………… 30

10 業務の持ち帰り禁止から職員の働き方改革を進める ………… 34

Column 1年単位の変形労働時間制の賃金清算 ……………………… 19

Column お泊り保育の労働時間 ………………………………………… 27

第 2 章
休暇を考える

1 年次有給休暇を管理する ………………………………………… 38

2 年次有給休暇、働き方改革でどう変わる？ ………………… 42

3 特別休暇を見直す ………………………………………………… 46

Column 有給休暇の2つの付与パターン ……………………………… 41

Column 産休育休を前向きに捉えよう ……………………………… 48

CONTETS

第3章
人材育成を考える

1 処遇改善等加算Ⅱを園経営に活かす ……………………………… 50
2 業務命令としての研修受講から主体性を育む ………………… 56

Column 処遇改善等加算Ⅱ それぞれの園のリーダー名と職務内容 ………………… 55

第4章
非正規職員について考える

1 非正規職員には労働条件通知書がカギになる ………………… 60
2 無期転換ルールに対応する ……………………………………… 66
3 非正規職員を正規職員に登用する ……………………………… 68

Column 非正規職員は、試用期間よりも労働契約期間の短縮で対応する ………… 65
Column 同一労働同一賃金 ………………………………………………………… 70

第5章
休職と定年を考える

1 休職と復職を命じる上での判断基準 …………………………… 72
2 定年年齢と65歳までの雇用 …………………………………… 76

Column 合意退職とならない場合、2週間後には退職となる …………………… 75

エピローグ対談
コンプライアンス、内部統制、マネジメントの
バランスを考えた就業規則の見直しを ………………………………… 78

プロローグ 対談

一人ひとりの職員の力が発揮され、チームとしての保育が最大限に展開できる園をめざして

安岡知子

　本書の執筆にとりかかる前に、本書の版元であるフレーベル館の保育経営アドバイザーでもあり、私の上司でもある桑戸と、私が考える就業規則について対談をしました。本書『それぞれの園のための就業規則』を通してお伝えしたい「コンプライアンス」「内部統制」「マネジメント」について、ご理解いただければと思います。

コンプライアンスを遵守できる無理のない就業規則作りを

桑戸●「働き方改革」について、随分と耳にするようになりましたが、園の意識も変わってきていますか。
安岡●職員の意識の変化は早いようですね。職員から「残業手当はつきますか」「私の労働時間は何時間ですか」「有給休暇は何日ありますか」といった内容の質問がされるようになったと聞いています。一方の園長先生は、「以前ならこんな質問はなかったのに」と戸惑われています。
　就業規則は、「作成してあればよい」というお考えの園長先生もおられます。書棚にしまっているだけということもあります。そのような園では、就業規則に基づく運用を続けるために内部統制は機能しておらず、ひいてはコンプライアンスも遵守できないことになります。先ほどのような質問から、職員とのトラブルに発展するケースもあります。トラブルの大半は、内部統制が機能していないことに起因していますので、こういった場合は、無理なく運用ができるような就業規則をご提案しています。
桑戸●園で内部統制が機能する、運用しやすい就業規則が、安岡さんの考える「園のための就業規則」なのですか。
安岡●園のための就業規則では、コンプライアンス、内部統制の観点はもちろんですが、さらに園長先生自身によるマネジメントからのアプローチも大事にしています。

就業規則をマネジメントからアプローチするとは

桑戸●マネジメントは、法人経営や園運営に関してはよく使われますが、就業規則に

対し、マネジメントからアプローチするとは、どういうことなのでしょう。

安岡●法人経営、園運営を大きな枠組みで図解すると、私は次のように捉えています（10ページ、**表1-1**）。

法人理念に基づいて保育目標や園の特色を掲げ、それらの実現に向け、資金管理、組織運営、人財、保育を行っていることを図解しています。

めざす法人経営、園運営を実現していく上では、マネジメントは欠かせないものです。マネジメントを実現させるには、職員が働くためのルールブックである就業規則も、マネジメントからアプローチして考え、マネジメントの観点が盛り込まれるものだと思います。ですから、マネジメントと就業規則を切り離して考えてはいけないと思うのです。園という組織を効果的にマネジメントしてこそ、一人ひとりの職員の力が発揮され、チームとしての保育が最大限に展開できると考えているからです。

園によって状況が異なるので答えは1つではない

桑戸●本書で取り上げているマネジメントの観点には、どのようなものがありますか。

安岡●「職員配置」「人件費」「人材育成」「組織づくり」です。ここで、先ほどお見せしました、法人経営、園運営を大きな枠組みで捉えた図解をもう一度、示したいと思います。おわかりですよね。資金管理と「人件費」、組織運営と「組織づくり」、人財と「人材育成」、保育と「職員配置」というように、法人経営、園運営の考え方とマネジメントの観点は紐づきます。当然と言えば当然なのですが、これは就業規則を考える上でのマネジメントの観点なので、園長先生にご理解いただけるようていねいに説明をしています。

桑戸●法人によって、園によって、状況は異なるでしょうから、「職員配置」「人件費」「人材育成」「組織づくり」と言っても答えは1つではないでしょう。

安岡●もちろんです。ですから、本書のタイトルは「それぞれの園のための就業規則」にしました。事例をご紹介しながら、園での様子がイメージできるようにお伝えしたいですね。

桑戸●『保育ナビ』での連載2年分に加え、新たに書き加えた個所もあるということで、楽しみにしています。

桑戸真二

第1章

労働時間を
考える

●第1章 労働時間を考える

1 法人理念から求める職員像を可視化する

法人理念に基づいた法人経営・園運営

　私は、法人が園を経営していく上で最も大切にしている価値観を表しているものが、法人理念であると捉えています。多くの園では法人理念を、ホームページ、入園のしおり、パンフレット、封筒などの印刷物をはじめ、入園式や卒園式での挨拶、園内の掲示、朝礼での唱和など、様々な方法で保護者や職員に周知しています。園バスのサイドにプリントして、園児の送迎をしながら、地域に示している園もあります。園児、保護者、職員、地域、ひいては社会に向けて「法人理念に基づいた法人経営、園運営をします」と、お約束していることになります。

　表1-1は、法人経営、園運営を大きな枠組みで捉え、図解したものです。このうち、「法人理念」がいちばん色濃く表れるのが「保育」そのものです。この「保育」を現場で支えて担保しているのが「人財」、つまり職員です。そして、職員がその能力を発揮し、成長していくために欠かせないのが「組織運営」であり、「組織運営」を可能にする「資金管理」という関係にあります。

求める職員像を的確な言葉で表現する

　保育現場では職員一人ひとりの自律的な判断、行動が求められます。しかし、保育者不足から中途採用の職員やパート職員の増加等により、法人理念の背景や創立者の思いが継承できていなかったり、これまでの暗黙の前提が成立しにくくなっていたりする園もあるでしょう。法人の、園の、保育実践において、拠り所となるものが必要になるのも自然な流れと言えるかもしれません。そこで、私は法人理念を具体的に実現できる「人財」を「求める職員像」として可視化することをご提案しています。

　園長先生が職員に対する具体的な理想像やイメージをもっていたとしても、それを実際に職員へ伝える様々な場面では、相手や状況によって少しずつニュアンスが変わり、一貫性に欠け、伝えたいことが曖昧に

■表1-1　法人経営・園運営の捉え方

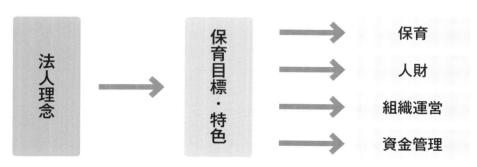

なることがままあるようです。それでは、職員側の受けとめ方にもズレが生じ、浸透させることが難しくなります。そのため、まずは法人理念に基づき、どのように行動して欲しいのか、どのような人となりであって欲しいのかを整理し、的確に表現する言葉で「可視化」し、職員に示すことが重要です。

法人理念→保育目標・特色→求める職員像の順番で考えると的確な言葉が見つかるでしょう。ポイントは、大きな視点をもち、わかりやすく前向きでシンプルな言葉を選択すること、否定の言葉は使わないことです。正規・非正規といった雇用形態や、保育教諭・保育士・幼稚園教諭・栄養士・調理員・事務員・運転手などの職種にかかわらず、園で勤務する全ての職員が対象になることも意識してください。

そして、「求める職員像」は、就業規則一式の鏡や条文として明記します。職員が園で働くためのルールブックである就業規則に明記することにより、職員がどの方向に向かって努力すればよいかという指針になります。また、新卒や中途で採用した職員については「うちの園の職員」になるための手引きにもなります。

求める職員像が職員の育成指針に

法人理念から「求める職員像」（**表1-2**）を可視化し、職員に周知と浸透を図っている園長先生にお話を伺いました。

「新任職員のオリエンテーションだけでなく、普段から、法人理念と求める職員像の読み合わせをしています。それは、パート職員も、保育業務に直接携わることのない職員も、全職員が対象です。

先日の職員会議で、園児への声かけやかかわり方が議題に上がったのですが、中途採用の新任職員の1人から『求める職員像』を根拠に、かかわり方の提案が出ました。参加していた職員たちから賛同と納得感を得ただけでなく、この発言は刺激になったようです。今まで、園の仕事全てにおいて、ベテラン職員の勘と経験に頼っていた面が多かったのですが、『求める職員像』は、うちの園ならではの保育の根拠にもなることに職員皆が気付いたのでしょう。

私も、引き続き『求める職員像』に基づく職員の働きぶりを承認し、育成につなげていければと考えています」。

■表1-2　求める職員像の例

法人理念
子どもが中心（まんなか）

求める職員像
◆常に「子どもが中心」を考え、一人ひとりに合わせた、ていねいな保育を実践してください。
◆子どものやってみたい気持ちに寄り添い、共に体験し、感動を共感してください。

●第1章 労働時間を考える

2 制約が多い1年単位の変形労働時間制を理解する

1年単位の変形労働時間制とは

　コンプライアンスの観点から確認します。1年単位の変形労働時間制（以下、1年変形）は、1カ月を超え1年以内の対象期間を定め、対象期間の1週間平均の労働時間を40時間以内とします。園であれば、通常4月1日から翌3月31日までの1年を対象期間としています。

　1年変形を採用するには、就業規則に定め、労使協定に年間カレンダーを添付して、毎年、労働基準監督署へ提出します。年間カレンダーでは、一人ひとりの職員について、1日ごとに労働日か休日かに加え、労働日における労働時間を決めます。

職員ごとの次年度の労働日を3月末に決められない

　園長先生からご相談がありました。
　「幼稚園時代は、開園日には全職員が出勤していました。労働日と休日は全職員が同じなので、年間カレンダーは簡単に作成できました。
　けれど、認定こども園に移行後は、土曜日も夏・冬・春休みも開園しています。以前のように、「開園日＝全職員の労働日」とはなりません。使い慣れている1年変形のままとしたいのですが、年間カレンダーを作成する3月末の時点では、職員ごとに、○月○日が労働日か、休日かを決められません」。

各月の労働日数と総労働時間を定めた一覧表を作成する

　そこで、次のようなご提案をしました。

① 4月の勤務表と、5月以降の各月の労働日数と総労働時間を定めた一覧表（以下、一覧表）を作成する
② 5月以降の勤務表は、一覧表どおりに作成する

　1年先までを見通して年間カレンダーを作成するのが難しい場合に、年間カレンダーの代わりに一覧表を労使協定に添付することが、法律上認められています。
　まず、年間の労働時間の上限から、年間で確保できる1日8時間労働の労働日数の上限を算出します（**表2-1**）。1年変形では、年間の労働日数の上限260日を各月に割り振ることができます。そこで、「学期中はできるだけ出勤してもらい、8月と1月にはお休みを多く……」と、各月の労働日数を決め、一覧表（**表2-2**）を作成しました。
　ただし、勤務表を作成する時には、注意しなければならない法律があり、1週52時間まで、連続6日までという制約を受けます。加えて、勤務表は各月の初日の30日前までに職員に提示しなければなりません。さらに、年度の途中で採用や退職等があった場合は、実際に労働した期間を平均して1週間40時間を超えた時間について割増賃金を支払う、法律上の「賃金清算」が必要になります。

年度途中の採用や退職にかかわる賃金清算

この提案を採用し、運用をスタートした後、園長先生に伺いました。

「職員は、夏休み、冬休みにはしっかり休み、リフレッシュできたようです。しかし、課題があります。

年度の途中で採用や退職等があった場合の法律上の『賃金清算』を、いざやってみようとしても、難しくて……。6月末で職員が退職した時は、サポートをしてもらいましたね」。

「賃金清算」を行う時期は、年度途中の退職者の場合は退職した時点になります。年度途中の採用者の場合は対象期間が終了する3月末時点で清算します。

なお、「賃金清算」は、実労働時間が法定労働時間を超えた時に行うものです。逆に実労働時間が短かった場合は「賃金清算」をしませんし、給与を返金してもらうこともできません。「年度の途中で採用や退職があった場合は、その時期によって、ずいぶんと不公平感があるなぁ、それに『賃金清算』を行う時期も、ついうっかり忘れてしまいそうです」と園長先生は気にかけておられました。

園長先生が課題と感じられているように、園にとっては運用の難しさから内部統制が機能しなくなり、コンプライアンスも遵守できなくなる可能性があることに、十分に留意していただきたいと思います。

■表2-1　年間の労働時間と労働日数の上限（1日8時間労働の場合）

年間の暦日数	労働時間の上限	労働日数の上限
平年365日	40時間×365日÷7日 ≒ 2,085時間	2,085時間÷8時間 ≒ 260日
うるう年366日	40時間×366日÷7日 ≒ 2,091時間	2,091時間÷8時間 ≒ 261日

■表2-2　各月の労働日数と総労働時間を定めた一覧表の例

	年間	4月	5月	6月	7月	8月	9月	10月	11月	12月	1月	2月	3月
労働日数	260	23	22	25	22	15	23	25	23	23	15	20	24
総労働時間	2,080	184	176	200	176	120	184	200	184	184	120	160	192

●第1章 労働時間を考える

3 使い勝手のよい1カ月単位の変形労働時間制

1カ月単位の変形労働時間制とは
確認

　コンプライアンスの観点から確認します。1カ月単位の変形労働時間制（以下、1カ月変形）は、1カ月以内の変形期間を定め、変形期間の1週間平均の労働時間を40時間以内としなければなりません。園であれば、通常、月の1日から末日までの1カ月を変形期間としています。

　1カ月変形の採用は、就業規則に定めるだけでよく、労使協定は不要です。勤務表は、前月末までに職員へ提示しなければなりません。この勤務表で1日の労働時間が8時間を超えていても、1週間40時間を超えていても、1カ月間の1週間平均の労働時間が40時間以内になっているので、割増賃金の支払いは必要ありません。また、年度途中の採用・退職者等に対する、「賃金清算」もありません。

　1年単位の変形労働時間制（以下、1年変形）と比較しますと、法律上の制約が少ないのが特徴です。

手間のかかる労働時間の計算と勤務表の作成
困りごと

　園長先生からご相談がありました。

　「1年変形から1カ月変形に変更したいが、勤務表を作成する際に、1週間平均40時間以内になるように労働時間の計算をするのは難しく、手間がかかりすぎる。できるだけ、シンプルに、職員のだれが見てもわかりやすいものにしたい」とのことでした。

わかりやすい労働時間をめざして
ご提案

　1カ月変形に変更するにあたり、次のような就業規則と運用をご提案しました。

① 1年変形から1カ月変形にする
② 各月の労働日数を決める
③ 各月の労働時間を決める
④ ①②③を就業規則に定める
⑤ 毎月の勤務表は、決められた労働日数どおりに作成する

　まず、各月の労働日数を決めるにあたり、園長先生から「使い慣れている1日8時間労働のままとしたい。1カ月に働ける上限の日数は何日になるの？　年間を通して、園児は常に登園しているし、職員も多いわけではない」とありました。

　そこで、表3を示しました。変形期間の1週間平均の労働時間を40時間以内とする労働時間の上限を、各月ごとに算出します。

　例えば、月の暦日数が31日の場合、労働時間の上限は177時間（A）です。そして、177時間（A）のうち1日8時間労働が確保できる上限の日数を算出すると、労働日数は22日（B）となり、その月の労働時間は176時間（C）です。

　同様に、月の暦日数30日、29日、28日の場合も（A）（B）（C）を求めます。

　1年変形を就業規則から削除します。そ

して、(B)を所定労働日数、(C)を所定労働時間とする、1カ月変形を就業規則に定めます。

毎月の勤務表は、週（日曜日から土曜日）に1日の休日を確保し、各月の所定労働日数どおりに作成し、前月末日までに職員に提示します。

なお、行事の当日はもちろん、準備期間中も業務量が増えるため、「なるべく職員に出勤してもらいたい」ということがほとんどでしょう。例えば、10月の1カ月間に運動会、芋ほり、クッキング、バス遠足といくつも行事を入れると、到底、10月の所定労働日数22日（所定労働時間176時間）では足りなくなります。行事の開催月を検討する時には、各月の労働日数の範囲内でおさまるよう考慮し、決定することを留意点としてお話ししました。

その後 「やりたい保育」が実現する勤務表作り

この提案を採用し、運用をスタートした後、園長先生に伺いました。

「提案してもらった4〜3月の労働日数（B）を合計すると、1年間の所定労働日数は258日になります。以前の1年変形の年間所定労働日数と変わらないので、職員にも説明しやすかったですね。

主任からは、就業規則の各月の所定労働日数を守るだけでよいので、難しい計算をすることもなく助かると聞いています。

また、前月末までに勤務表を作成すればよいので、子どもの成長やその時期の興味をじっくり観察し、『やりたい保育』を実現できる勤務表が作成できると好評です。主任を中心に、翌月に『やりたい保育』について検討しています。月の所定労働日数の範囲内で、どの日は職員配置を手厚くするのか、どの日は配置基準どおりで保育ができるかまで打ち合わせしていますね」。

■表3　各月の労働時間の上限、ご提案する労働日数と労働時間

月の暦日数	労働時間の上限（A）	〈ご提案〉労働日数（B）	〈ご提案〉労働時間（C）
31日	40時間×31日÷7日≒177時間	177時間÷8時間≒22日	8時間×22日＝176時間
30日	40時間×30日÷7日≒171時間	171時間÷8時間≒21日	8時間×21日＝168時間
29日	40時間×29日÷7日≒165時間	165時間÷8時間≒20日	8時間×20日＝160時間
28日	40時間×28日÷7日＝160時間	160時間÷8時間＝20日	8時間×20日＝160時間

●第1章 労働時間を考える

4 マネジメントの観点を取り入れた1カ月単位の変形労働時間制

1日の労働時間の考え方

確認

　コンプライアンスの観点から確認します。就業規則には始業時刻、終業時刻、休憩時間を記載しなければなりません。これにより、1日の労働時間が明らかになります。

　多くの園では、1日の労働時間は、例えば「8時間」というように固定しています。しかし、日々の労働時間を固定する必要はありません。

メイン活動を充実させたい

困りごと

　園長先生からご相談がありました。

　この園の開園時間は7時から19時までです。子どもたちが順次登園し、9時30分から午前中いっぱいまでがメイン活動です。年齢に応じて12時前後から昼食、12時30分以降は3号子どもが午睡、1・2号子どもがクラス活動、13時30分以降は、1号子どもが降園、または預かり保育……とさらに分かれていき、19時の閉園に向けて子どもの人数は段階的に減ります。園長先生は、かねてより午前中に職員を手厚く配置して、メイン活動を充実させたいと考えておられました。

　しかし、「遅番の職員は10時に出勤するため、9時30分からスタートするメイン活動に途中から入ることになり、落ち着いて取り組むことができない」とお困りでした。

職員の配置をコントロールする

ご提案

　そこで、園の1日の流れに応じた子どもの活動状況や人数によって、職員の人数を手厚くしたり、配置基準どおりの人数にしたりすることを可能にする職員配置にチャレンジしてみませんか、とご提案しました。

　現在の就業規則を確認しますと、始業時刻、終業時刻から見て1日の労働時間は、8時間固定でした（**表4-1 Before**）。そして、1カ月変形を採用し、各月の労働日数は決まっていました。

　園長先生が実現したいメイン活動の充実を念頭に置きながら、就業規則と運用のご提案をしました。

① 1日の労働時間は、6時間、8時間、10時間の3種類とする
② 各月の6時間の日と10時間の日を、同じ日数で設定する
③ 就業規則に定めていた1カ月変形の各月の労働日数は変えずに、各月の6時間、8時間、10時間の日数を決める

　就業規則については、始業時刻、終業時刻、休憩時間を書き換え、但し書きを追記します（**表4-1 After**）。

　6月の労働日数と労働時間（**表4-3**）のように、6時間、10時間の日を同じ日数で設定し（**表4-4**）、各月の労働日数は変えていません。これであれば、各月の労働時間数はこれまでどおりです。

こうすることで、9時30分から午前中いっぱいまでのメイン活動には、その日に出勤する6時間、8時間、10時間の全ての職員を配置できるようになります（**表4-2**）。

毎月の勤務表は、前月末日までに職員に提示します。勤務表の作成にあたっては、週（日曜日から土曜日）に1日の休日を確保しながら、各月で決めた6時間、8時間、10時間の日数を労働日とします。

マネジメントの観点でも効果的な見直しに

その後

この提案を採用し、運用をスタートした後、園長先生に伺いました。

「午前中に手厚い職員配置が可能になり、子どもへの配慮が行き届き、子どもの意欲に応える保育が展開できるようになりました。『メイン活動の充実』を実感しています。また、育成担当職員に余裕ができ、OJTによる育成に成果が出始めました。

■表4-1　労働時間（始業時刻、終業時刻、休憩時間）

	Before	After
早番	8時間労働 7：00～16：00（休憩60分）	6時間労働 7：00～13：00（休憩なし）
普通番	8時間労働 8：00～17：00（休憩60分）	8時間労働 8：00～17：00（休憩60分）
遅番	8時間労働 10：00～19：00（休憩60分）	10時間労働 8：00～19：00（休憩30分＋30分）
但し書き		月内において、早番の日と遅番の日は同じ日数

■表4-2　保育時間と職員の労働時間

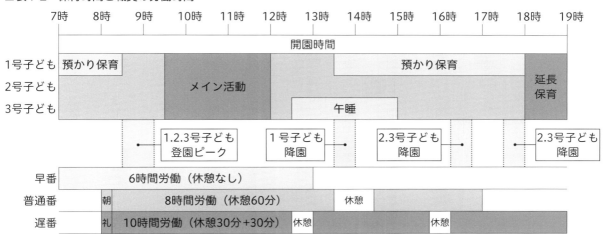

今だから話せますが、当初、10時間労働になる遅番の日の職員の仕事ぶりが心配で……。しかし、労働時間が長いことを利用して計画的に業務を進めたり、行事の準備に取り組んだりする姿が見られ、私の心配は杞憂に終わりました。また、朝早くから閉園までいる子どもと同じ時間を過ごすことで、気付きがあるのでしょうね。お迎えにいらした保護者への言葉かけまで変わり、驚きました。

　13時で勤務終了となる早番の日は、休憩時間がないため拘束時間が短いですし、『学校行事に参加しやすくなりました』『習い事を始めました』と職員には好評です」。

　メイン活動を充実させたいという、園長先生がめざす園運営の実現に向けて、職員配置をマネジメントした事例をご紹介しました。就業規則には、マネジメントの観点が盛り込まれるものということを、感じていただけたかと思います。

【補足】
●1年変形を採用している園でも、就業規則を書き換えて、職員配置をコントロールするマネジメントに取り組むことはできます。ただし、法律上の制約があることをお忘れなく。

■表4-3　6月の労働日数と労働時間（例）

	Ｂｅｆｏｒｅ	Ａｆｔｅｒ
所定労働日数	21日	21日 （早番4日、普通番13日、遅番4日）
所定労働時間	168時間	168時間

■表4-4　6月のカレンダー（例）

日	月	火	水	木	金	土
						休 1
休 2	普 3	早 4	遅 5	普 6	普 7	普 8
休 9	普10	早11	遅12	普13	普14	休15
休16	普17	早18	遅19	普20	普21	休22
休23	普24	早25	遅26	普27	普28	休29
休30						

休：休日　　早：6時間労働（早番）　　普：8時間労働（普通番）　　遅：10時間労働（遅番）

Column

1年単位の変形労働時間制の
賃金清算

1 年単位の変形労働時間制（以下、1年変形）を採用している園は、通常4月1日から翌3月31日までを対象期間としています。対象期間の途中での採用や退職、非正規職員から正規職員への登用、あるいは正規職員から非正規職員への異動など（産休、育休は除く）があり、1年変形により労働した期間が対象期間よりも短い時は、12〜13ページでも紹介したように、賃金清算が必要となる場合があります。

　賃金清算は、1年変形で労働した期間の実労働時間（A）が、同期間の法定労働時間の総枠（B）を超えた場合に行います。超えた時間に対して、時間外労働の割増賃金を支払わなければなりません。ただし、すでに時間外労働、休日労働の割増賃金が支払われた時間については除きます。

例）6月30日に退職した場合の賃金清算

　　　1年変形の対象期間：4月1日〜翌3月31日
　　　1年変形により労働した期間：4月1日〜6月30日（暦日数91日）
　　　1年変形により労働した期間の実労働時間：560時間（A）
　　　（4月：184時間、5月：176時間、6月：200時間　時間外労働なし、休日労働なし）
　　　1年変形により労働した期間の法定労働時間の総枠：

　　　40時間 × 91日 ÷ 7日 ＝ 520時間（B）

　　　　　　　　　⇩

（A）＞（B）なので、賃金清算を行う

　　　560時間（A）－ 520時間（B）＝ 40時間

40時間分の時間外労働の割増賃金を支払う

　なお、（A）＜（B）の場合は、賃金清算をしませんし、給与を返金してもらうこともできません。

　賃金清算は、毎月の給与計算とは異なる計算方法のため、事務職員を悩ますことがあるようです。また、賃金清算を行う時期も忘れてしまいがちです。適切な賃金清算が行えているか、確認してみましょう。

●第1章 労働時間を考える

5 暦日休日と半日休日

休日とは
確認

　コンプライアンスの観点から確認します。休日には、法定休日と所定休日があります。法定休日は、必ず週1日、暦日（0～24時）で与えなければなりません。

　一方、週1日の法定休日を確保した上で、それを上回る休日は、所定休日といいます。所定休日は、暦日とする必要はありません（**表5-1**）。

平日に休日を設定しないための工夫とは
困りごと

　園長先生からご相談がありました。

　「幼稚園から認定こども園に移行しました。土曜日が開園日になり、職員には出勤してもらわなければなりません。平日は手厚い職員配置をしたいのですが、土曜日に1日出勤すれば、そのぶん、平日の休日が1日増えてしまいます。

　土曜日の園児数は、平日の3割程度で、お迎えが早く在園時間が短いですね。そのため、土曜日を4時間労働にして職員配置を最小限に抑え、平日になるべく出勤させたいのです」とのことでした。

マネジメントの幅が広がる半日休日の設定
ご提案

　現在の就業規則を確認しますと、1カ月変形を採用し、1日の労働時間は8時間のみ、各月の労働日数が決まっています。休日は、「①日曜日、②国民の祝日、③園が定めた日……」とあり、暦日でとることになっています。

　そこで、次のような所定休日の半日休日（以下、半休）を取り入れた就業規則と運用をご提案しました。

① 各月の休日の数を明記する
② 所定休日は半休ができることを定める
③ 各月の労働時間を明記する
④ 1日8時間と4時間労働を定める

■表5-1　法定休日と所定休日の違い

種類	定義	単位
法定休日	労働法で定められている必ず週1日与えなければならない	暦日（0～24時）としなければならない
所定休日	事業主（＝園）が日数を決めることができる法定休日を超える休日	暦日とする必要はない

■表5-2　ご提案

種類	単位
所定休日	暦日と半日休日

まず、就業規則の休日の条文から見直します。

現在の就業規則で定めている各月の労働日数から、各月の休日の数を計算し、就業規則に明記します。例えば、9月は労働日数が21日なので、休日は9日になります。所定休日は、暦日の休日に加え、半休（0.5休日カウント）ができるようにします（**表5-2**）。

次に、就業規則の労働時間の条文を見直します。

現在の就業規則で定めている各月の労働日数に1日の労働時間を乗じ、各月の労働時間を計算し、就業規則に明記します。例えば、9月は労働日数が21日なので、労働時間は168時間になります。

各月の労働日数は就業規則から削除します。半休を取り入れる場合は、各月の労働日数が変動します。なぜなら、半休の日は4時間労働をするため、労働日とみなすからです。例えば、9月は休日9日です。暦日で休日を9日とれば、労働日数は21日になります。しかし、暦日の休日8日、半休2日で、合わせて休日9日をとる場合、労働日数は22日になります。そのため、就業規則に労働日数を定めることができません。

そして、1日8時間労働の始業時刻、終業時刻に加え、1日4時間労働となる始業時刻、終業時刻を就業規則に定めます。

職員の納得が得られやすい改善方法を

その後

この提案を採用し、運用をスタートした後、園長先生に伺いました。

「土曜日を4時間労働と半休にしたので、平日が休日になってしまうことが減りました。平日に、充実した保育ができます。

半休を取り入れて、月の労働日数は増えましたが、月の労働時間数はこれまでどおりなので、職員への説明がしやすかったです。今回の就業規則の改定は、平日に手厚い職員配置をするため、ということに職員も納得しているようです」。

【補足】
- 14〜15ページの「使い勝手のよい1カ月単位の変形労働時間制」でご紹介した、わかりやすい運用をめざす場合は、各月の労働日数を確定しているため、所定休日の半休は使えません。

園長先生のマネジメントの観点や、困りごとは、施設形態、地域、規模、状況により様々です。そのため、困っていることの改善や、やりたいことの実現に向けての私からのご提案も、それぞれ異なるものになり、休日の定め方1つをとっても、それぞれの園に合わせたものになります。

●第1章 労働時間を考える

6 1カ月単位の変形労働時間制のまま労働日数を増やす

法定休日以外は労働日にできる
【確認】

　コンプライアンスの観点から確認します。1カ月変形は、1カ月以内の変形期間を定め、変形期間の1週間平均の労働時間を40時間以内とする制度でしたね。

　1カ月変形であっても、法定休日は、必ず週1日暦日（0〜24時）で与えなければなりません。逆に言えば、法定休日以外は労働日とすることができます。

休日保育の実施に向け労働日を増やしたい
【困りごと】

　園長先生からご相談がありました。
　「来年度から休日保育を実施し、休園するのは12月31日、1月1日の2日間のみです。日曜日や祝日にも職員を配置しなければならないので、職員の労働日数を増やしたいのですが……」。

　現在の就業規則を確認しますと、1カ月変形を採用し、1日は8時間労働のみ、各月の労働日数と労働時間数が決まっています（**表6-1**）。

　単に労働日数を増やすことはできません。そこで、「1日の所定労働時間を8時間から7時間に減らすことはできますか？」と質問すると「1時間くらいならパート職員にカバーしてもらえます」とおっしゃいました。

労働日数を年間36日増やす
【ご提案】

　1カ月変形のまま、各月の労働時間数は変えずに、次のような就業規則をご提案しました。

> ① 1日の労働時間は、基本を7時間とし、8時間、6時間の3種類を設定する
> ② 就業規則に定めていた1カ月変形の各月の労働時間数は変えずに、各月の7時間、8時間、6時間の日数を決める
> ③ ①②を就業規則に定める

　1カ月の労働時間を変えずに、1日の労働時間を7時間とすると、端数の時間が出ます。その端数を調整するため、6時間、8時間労働の日を設定します。

　例えば、4月は暦日数が30日で、労働時間は168時間です。168時間÷7時間＝24日と割り切れます。7時間のみ24日とします。

　5月は暦日数が31日で、労働時間は176時間です。176時間÷7時間＝25.142…日となり、7時間が25日とれます。端数の時間は、176時間−7時間×25日＝1時間です。1時間余っていますので、8時間の日を1日設定します。7時間は24日、8時間は1日となります。

　2月は暦日数が28日と29日の場合がありますが、ともに労働時間は160時間です。160時間÷7時間＝22.857…日となり、7時間が22日とれます。端数の時間は、160

時間−7時間×22日＝6時間です。6時間余っていますので、㋐8時間は6日と、7時間は16日とするか、㋑7時間は22日と、6時間は1日とするか、二択になります。園長先生は、「労働日数を増やしたいので㋑にする」とご判断されました（**表6-2**）。

これにより、各月の労働時間数を変えることなく、労働日数が、全ての月で3日ずつ増え、年間では36日増えることについて、職員に説明します。

就業規則には、年間の労働日数を294日と定め、**表6-2**を載せます。始業・終業時刻については、7時間を基本としたシフトパターンに書き換え、8時間、6時間のシフトパターンも定めます。

休日保育の職員配置が可能に

その後

1カ月後、園長先生から「これなら、休日保育の職員配置もできるね。来年度に向けて、提案してもらった労働時間でやれるよう就業規則を変更するよ」と、連絡がありました。

■表6-1　今年度までの労働日数

	4月	5月	6月	7月	8月	9月	10月	11月	12月	1月	2月	3月	年間
労働日数 （8時間労働）	21	22	21	22	22	21	22	21	22	22	20	22	258
労働時間	168	176	168	176	176	168	176	168	176	176	160	176	2,064

■表6-2　次年度の労働日数

	4月	5月	6月	7月	8月	9月	10月	11月	12月	1月	2月	3月	年間
7時間労働の日数	24	24	24	24	24	24	24	24	24	24	22	24	286
8時間労働の日数		1		1	1		1		1	1		1	7
6時間労働の日数											1		1
労働日数	24	25	24	25	25	24	25	24	25	25	23	25	294
労働時間	168	176	168	176	176	168	176	168	176	176	160	176	2,064

労働時間は同じ

年間36日増

7 交代制と分割によって休憩をとる

●第1章 労働時間を考える

休憩とは
【確認】

コンプライアンスの観点から確認します。休憩時間は、労働時間の途中で、労働時間の長さに応じて付与しなくてはなりません（**表7-1**）。休憩時間は、分割して付与することもできます。

就業規則には必ず「休憩」の条文が必要です。

■表7-1　付与すべき休憩時間

労働時間の長さ	付与すべき休憩時間
6時間以下	不要
6時間超、8時間以下	少なくとも45分
8時間超	少なくとも60分

職員が休憩をとれていない
【困りごと】

園長先生からご相談がありました。

「就業規則では休憩60分とありますが、職員に任せっきりで、先日、主任に聞いたところ、あまりとれていませんでした。休憩場所を用意しているのに……。どうしたらよいのでしょうか」とお困りでした。

必ず45分の休憩をとる
【ご提案】

園児の在園時間が長時間におよび、職員がシフト勤務をするという園ならではの運営スタイルから、法律や就業規則どおりに休憩をとるのはなかなか難しいのが実状です。法律を遵守し、全員がきちんと休憩をとるよう運用するには、就業規則に工夫が必要です。加えて、職員の賛同を得られますと、運用のための仕組みも浸透し、自ずと内部統制が機能します。

そこで、次のような就業規則と運用をご提案しました。

① 休憩時間は、法律どおりの時間にする
② 休憩は交代で、分割してとることができるようにする
③ 職員配置の手厚い時間帯に着目する
④ 主任、学年リーダーを巻き込む

まず、実労働時間の8時間に合わせ、休憩時間は60分から、法律どおりの45分にします。園長先生も、「45分にしたほうが現実的だと思う」と納得されました。

そして、「休憩は交代制で、分割ができる」と、就業規則を書き換えます（**表7-2**）。

次に、1日の中で職員配置が手厚い時間帯を園長先生に挙げてもらいました。意外

■表7-2
当番ごとの始業時刻・終業時刻・休憩時間

	始業時刻	終業時刻	休憩時間
早番※	7:00	15:45	労働時間の途中で交代制45分 ※早番と遅番は分割して取得することができる
普通1	8:00	16:45	
普通2	8:15	17:00	
遅番※	10:15	19:00	

にも、開園してからの3時間、閉園までの3時間は、朝夕専門のパート職員がいて、手厚い職員配置となっています。そこで、早番と遅番シフトの時は、早番は、クラス活動が始まる前の朝15分、遅番は、クラス活動から延長保育に移行する前の夕方15分に休憩をとるようにします。

さらに、園長先生に伺うと、0・1・2歳児の職員は午睡時間に、3・4・5歳児の職員は14時以降の園児が降園する時間帯を利用すれば、交代で休憩をとれるだろうとのことでした。早番と遅番シフトの残り30分と、その他の職員の45分の休憩については、学年リーダーたちに采配をお願いしました。園児の活動状況、業務の進捗から、学年リーダーたちは、何時にだれが休憩をとるかを決め、学年の中で職員に交代で休憩をとらせます。例えば、4歳児の2クラスには、担任2名とフリー1名がいます。4歳児の学年リーダーは、最大で3人分の休憩135分（45分×3人分）を、14:00～14:45、14:45～15:30、15:30～16:15の時間帯に分けて「○○先生、休憩してください」と順番に指示を出します。もし、休憩をとることにより、配置基準を下回る時は、事前に主任に相談し、園全体の配置状況から職員を回してもらうように要請できます。それも難しい時には、主任や園長が、休憩をとる職員の代りに保育に入ります。

学年リーダーたちや主任に役割をもたせ、運用のための仕組みを職員に周知します。

学年リーダーが配置基準を意識する
その後

この提案を採用し、運用をスタートした後、園長先生に伺いました。

「学年リーダーたちは、配置基準を意識して保育ができるようになりました。配置基準を下回る時には、主任に要請するという仕組みも浸透しました。組織として、だれに何の役割があるのか明らかになっています。

職員にとっては、休憩時間が45分になったことで、1日の拘束時間が15分短くなり、うれしいようです」。

【補足】
- 時間外労働をすると、1日の労働時間が8時間を超えるため、60分の休憩をとらなければなりません。45分の休憩では足りず、プラス15分の休憩が必要です。例えば、早番7:00～15:45の職員が、1時間の時間外労働をする時は、15:45～16:00の15分は休憩、その後、16:00～17:00が時間外労働となります。時間外労働をする時には、プラス15分の休憩をお忘れなく。
- 3・4・5歳児は各1クラスで、ご紹介した園のように学年リーダーがいない場合は、縦割り保育にすることで配置基準どおりの職員数とし、交代で休憩をとるようにしている園もあります。

Column

お泊り保育の労働時間

毎 年夏に、お泊り保育を実施する園が多いですね。お泊り保育をとおして子どもたちは大きく成長しますが、職員にとっても、保育のおもしろさを実感できる貴重な経験となるでしょう。いつもとは違う時間帯で働く職員の労働時間を確認してみましょう。1泊2日のお泊り保育を7月に実施したとします。条件は、次のとおりです。

■就業規則
・1カ月単位の変形労働時間制
・7月の労働時間数：176時間
・7月の休日数：9日（曜日指定なし）

■勤務表（7月）
・休日9日（暦日）は確保済み
・お泊り保育以外の通常の労働日は20日（1日8時間労働）

■お泊り保育スケジュール
・集合10時・解散翌日10時（24時間拘束）
・休憩 ①21時〜1時（4時間）②5時〜6時（1時間）
　　　　⇩

■お泊り保育にあてられる労働時間数
・7月労働時間176時間 −（8時間×20日）＝ 16時間

　時間外労働は、16時間を超えてから19時間までの3時間となり、1.25倍の時間外労働手当を支払います。深夜労働の時間帯は22時〜5時です。深夜労働は、実際に労働した1時から5時までの4時間となり、0.25倍の深夜労働手当を支払います。

	10時	11時	12時	13時	14時	15時	16時	17時	18時	19時	20時	21時	22時 23時 24時 1時	2時	3時	4時	5時	6時	7時	8時	9時	10時
労働時間カウント	1	2	3	4	5	6	7	8	9	10	11	休憩		12	13	14	15	休憩	16	17	18	19
時間外労働																				時間外労働		
深夜労働													深夜労働							×1.25		

集合 / 解散

×0.25

●第1章 労働時間を考える

8 労働時間を把握する

労働時間の考え方

コンプライアンスの観点から確認します。労働時間とは「使用者の明示又は黙示の指示により労働者が業務に従事する時間」のことをいいます。

例えば、園長が「行事準備のため○時まで時間外労働をしてください」と言葉や書面で伝えることは、明示の指示になります。明示の指示がないまま、始業時刻の前の清掃や終業時刻の後の打ち合わせを、「職員が自発的にやってくれているから」と黙認している場合、黙示の指示とみなされる可能性があります。

園には、労働時間を適正に把握する責務があります。そのためには、職員一人ひとりの労働日ごとの業務開始・終了時刻を確認し、これをもとに労働時間を確定する必要があります。

勤務表とタイムカードの時間にズレがある

園長先生からご相談がありました。

「働き方改革で、労働時間の状況を把握しなければならないと聞き、大丈夫かなと気になっていることがあります。

勤務表の始業・終業時刻と、タイムカードの出勤・退勤の打刻には、30～40分のズレがあります。例えば、勤務表は9:00－18:00、タイムカードは8:20－18:40となっています。この40分のズレは、何か問題になるのでしょうか。

給与計算では、勤務表どおりに支払っています。もちろん、私が命じて職員会議や行事準備のために時間外労働をさせた時は、割増賃金を計算し、支払っています。この30～40分については、業務をするように指示はしてはしていません」。

園長先生が懸念されるように、勤務表とタイムカードのズレが大きいことから、早めの対応が必要だと思われました。現在の就業規則を確認します。「出退勤の際はタイムカードに記録し……」とありました。

園長が業務開始・終了時刻を承認する

そこで、今までどおりタイムカードの打刻は続け、さらに、職員自らが、業務開始・終了時刻を申告し、園長が承認し、労働時間を確定させることをご提案しました。

① 業務開始・終了時刻を、職員が申告することを就業規則に定める
② 職員に勤務表を提示する
③ 職員は、出勤・退勤時刻をタイムカードに打刻する
④ 職員は、業務開始・終了時刻をタイムカードに記入し、園長に申告する
⑤ ④を園長が承認する
⑥ 労働時間を確定する

まず、現在の条文に加え、「業務開始・終了時刻を、職員自らが申告しなければならない」と就業規則に定めます。

勤務表により、労働日における始業・終業時刻を、職員に提示します。職員は、勤務表で決められた時間どおりに働くことが大前提になります。

職員は出勤時に、タイムカードに出勤時刻を打刻します。退勤時には、タイムカードに退勤時刻を打刻し、その横に、その日の業務開始・終了時刻を記入することで申告とします（**表8-1**）。園長は、業務開始・終了時刻を承認し、1日ごとに労働時間を確定させます。

職員に就業規則を周知し、具体的にタイムカードと勤務表（**表8-2**）を示し、労働時間を確定するまでの流れを説明します。あわせて、業務開始・終了時刻を申告するにあたっては、実態どおりに適正に申告することを伝えます。申告と勤務表にズレがあった時や申告とタイムカードのズレが大きい時、園長が実態を確認します。

勤務表の時間を意識して仕事に取り組めるようになる

この提案を採用し、運用をスタートした後、園長先生に伺いました。

「1カ月ごとのタイムカードは、翌月3日までに提出してもらっています。運用としても無理がなく続けられそうです」。

「職員たちは、勤務表の時間を意識して、仕事に取り組むようになってきました。早すぎる出勤も、いつまでも残っていることも減りました。メリハリのある働き方が、少しずつ浸透しつつあるのを感じます」。

■表8-1　タイムカード

■表8-2　勤務表

日にち	シフト	勤務時間
2月1日	金	遅番	10：00-19：00
2日	土	C	8：30-17：30
3日	日	休日	
4日	月	C	8：30-17：30
5日	火	A	7：30-16：30
12日	火	C	8：30-17：30
13日	水	遅番	10：00-19：00
14日	木	研修	
15日	金	有休	

● 第1章 労働時間を考える

時間外労働を把握する

第1章 労働時間を考える

時間外労働とは
確認

コンプライアンスの観点から確認します。時間外労働とは、法定労働時間を超える労働のことです。時間外労働も労働時間の一部ですから、時間外労働の時間数も把握しなければなりません。そして、通常の賃金の25%以上の割増賃金を支払わなければなりません。

時間外労働が多く職員が不満を感じている
困りごと

園長先生からご相談がありました。
「職場環境改善調査の結果レポートに、職員の不満第1位は、時間外労働が多いこととあり、とてもショックです。これまで、遅くまで熱心にやってくれているものとばかり思っていました」。時間外労働の時間数と、給与の支払いをお伺いすると、「時間外労働手当の代わりに、月3千円の調整手当を支払っています。実態として、何時間の時間外労働があるのかは把握していません」とのことでした。

この調整手当は、いわゆる、みなし残業手当に当たります。みなし残業手当とは、あらかじめ、一定時間分の時間外労働手当を毎月の給与で支払うものです。一定時間を超え時間外労働をした時は、差額を支払わなければなりません。ですので、職員ごとに、調整手当3千円が、何時間分の時間外労働手当なのかを計算します。実態として の時間外労働が、3千円分の時間数を超えたら、3千円のほかに、差額の時間外労働手当を支払わなければなりません。

就業規則と賃金規程をもとに計算すると、給与月額20万円の職員は2時間2分、30万円の職員は1時間21分の時間外労働手当でした。園長先生は「一人ひとり何時間分になるのか違うのに……、この時間数を超えたら時間外労働手当を支払うのは、とてもやりきれない」とおっしゃいました。

事前申請ルールを取り入れる
ご提案

時間外労働の実態を把握するために、時間外労働は事前に申請するというルールを取り入れ、さらに調整手当を廃止して、実態に沿って、適正に時間外労働手当を支払うことをご提案しました。

① 時間外労働は事前に申請するルールを取り入れる
② 時間外労働届書を導入する
③ 調整手当を賃金規程から削除する
④ 職員から申請し、園長の業務命令を受け、時間外労働を行う
⑤ 時間外労働手当を支払う

まず、就業規則には、「職員が時間外労働を行う場合は、事前に申請し、園長の業務命令を受けなければならない」と定めます。

そして、「時間外労働届書」（**表9**）を導入し、事前申請ルールの運用を支援します。

31

さらに、これまでの調整手当を賃金規程から削除します。

　職員は、時間外労働をする必要がある時には、時間外労働をする日付、勤務表の始業時刻の前か終業時刻の後か、該当する業務区分、申請する時間、業務内容・理由などを「時間外労働届書」に記入し、事前に園長に申請します。

　園長は、緊急性の高い業務か、園運営に必須の業務か、重複していないか、職員間で調整できないかといった観点で、優先順位を確認し、時間外労働をさせる必要があると判断したら、適正時間分の時間外労働の業務命令を出します。

　職員は、業務命令を受け、時間外労働を行います。そして、園は、実態どおりに時間外労働手当を支払います。

　職員に就業規則を周知し、「時間外労働届書」の記入の仕方や、調整手当を廃止し時間外労働手当を支払うことを伝えます。

業務内容と時間数の分析で新たな課題が見えてくる
その後

　この提案を採用し、運用をスタートした後、園長先生に伺いました。

　「申請された時間外労働の業務内容ですが、実のところ、やらなくていいと判断した業務がずいぶんとありました。職員が遅くまで園内に残っていることも減ってきました。不満も解消しつつあると思います。

　また、職員ごとに、これまでの時間外労働の時間数を把握していますので、業務命令を出す前には、無理が続いていないか職員の体調にも配慮しています。

　これまでに承認した時間外労働の業務内容と時間数を分析すると、突出していたのは書類作成や教材準備といった日常業務でした。今後は、業務時間内に、ノーコンタクトタイムをどう確保するかを検討していきます。時間外労働を把握することで、課題が明らかになりました」。

【補足】
● 時間外労働の事前申請ルールは、正規職員だけでなく、全職員を対象とすることをお勧めします。パート職員にも、「時間外労働届書」を提出させ、実態どおりに時間外労働手当を支払います。

　パート職員の賃金の支払いを確認してみましょう。例えば、時給1,000円、1日の所定労働時間7時間のパート職員が、1日に9時間労働したとします。このパート職員の法定労働時間は、1日8時間以内、週40時間以内です。

　7時間を超え8時間までの1時間は法定労働時間内なので1,000円、8時間を超え9時間までの1時間は法定労働時間外なので25％の割増が必要になり、1,250円を支払います。ですので、9時間労働した日は、9,250円の賃金を支払います。

■表9　時間外労働届書と記入例

2019年 4月	時間外労働届書	クラス	氏名
		4才	福祉太郎

日付	前後	業務区分	申請時間	業務内容・理由	申請日時	承認時間	承認時間（休憩除く）	承認印
6日	(前)後	日常（(クラス)・園）	1時間00分	週案作成	4/3 17:00	1時間	18:00～19:00	安岡
日	前後	日常（クラス・園）	時間 分		/ :	時間	: ～ :	
日	前後	日常（クラス・園）	時間 分		/ :	時間	: ～ :	
日	前後	日常（クラス・園）	時間 分		/ :	時間	: ～ :	
24日	(前)後	(行事)・その他	1時間00分	こどもの日準備	4/19 13:00	1時間	7:30～8:30	安岡
28日	前(後)	行事・(その他)	1時間30分	園内研修資料	4/25 9:00	1時間	16:00～17:00	安岡
日	前後	行事・その他	時間 分		/ :	時間	: ～ :	
日	前後	行事・その他	時間 分		/ :	時間	: ～ :	

クラス	園	行事	その他（研修）	その他（　）	計	3時間
/時間	/時間	/時間	/時間	/時間		

4月6日に週案を作るために1時間残業します

週案ね　はい、わかったわ

4月28日、1時間半残業したいです　園内研修の資料を作ります

（確か、一昨年の園内研修資料があったはず……）同じ内容の過去の資料があるから取りに来て。参考にすれば1時間でできると思うわ

ありがとうございます　1時間で作れそうです

第1章　労働時間を考える

●第1章 労働時間を考える

10 業務の持ち帰り禁止から職員の働き方改革を進める

業務の持ち帰りは時間外労働か
確認

　コンプライアンスの観点から確認します。時間外労働をさせた場合は、時間外労働手当を支払わなければなりません。業務の持ち帰りにより時間外労働をさせた場合も同様です。

　なお、業務を持ち帰るよう命じていなかったとしても、通常の業務時間内で終わらない量の業務を命じる、もしくは、業務量を把握せず業務を命じれば、結果、職員が持ち帰って業務をせざるを得ないことになります。これは、時間外労働を命じたのと同じことになる可能性があります。

職員が申請なしに業務を持ち帰っていた
困りごと

　園長先生からご相談がありました。

　「うちの園では行事前になると、とにかく時間外労働が多く、これは何とかしなければとは思いつつ、何の取り組みもできていない状態です。この前も、翌週に迫ったお遊戯会の準備のため、連日のように時間外労働の申請があり、私も行事前なので仕方がないだろうと承認していました。さすがに職員に疲れが溜まっているのではないかと心配になり、夕方、準備中の各学年の様子を見て回りました。

　4歳児は、衣装作りが最後の仕上げに入っていました。昨年を参考にしたようでフリルとスパンコールが縫い付けられていて、かなり細かい手作業のようです。全員分の衣装を手作りで大変だね、と声をかけると、『Ａ先生が、自宅に持ち帰ってやってきてくれるので、間に合いそうです』と言うのです。これは、困ったと思いました。

　Ａ先生は、家庭の事情で帰らなくてはならず、時間外労働はほとんどできません。通常の業務時間内はお遊戯会前の練習が立て込んでいて、衣装作りの時間はなかなかとれず、みんなが残ってまで衣装作りをしているので、申しわけない気持ちだったようなのです。Ａ先生が、『私も家で作ってくる』と申し出たそうです。

　園内で時間外労働をしている職員には、時間外労働手当を支払っています。でもＡ先生には、どうしたらよいのでしょうか」。

　この園では、時間外労働の事前申請ルールを導入しており、運用が続けられていました。

> **時間外労働の事前申請ルール**
> 職員は、時間外労働が必要と判断した時には、「時間外労働届書」に時間数や業務内容などを記入し、園長に申請する。園長は、申請内容を確認し、時間外労働命令を出す。職員は、業務命令を受けてから時間外労働を行う。

　まず、Ａ先生には、自宅で行った業務内容、具体的な完成品、かかった時間数を確認して、園長が必要な時間数を承認し、時間外労働手当を支払ってはいかがでしょう、とアドバイスをしました。さらに、衣装を

持ち帰り、自宅で作ったことは時間外労働になるので、事前申請しなければ「ダメですよ」と指導をします。

今後については、時間外労働の事前申請ルールを業務の持ち帰りにも適用してはどうかと、園長先生の意向を伺いました。

園長先生は、「確かに、自宅に持ち帰ることを認めてあげれば、A先生は、ほかの職員たちに気兼ねしないで済むけれど、それは対処的な対策です。みんなが、業務を持ち帰るような時間外労働を申請してきたら、自宅での業務は、正直なところ何時間かかったのか把握しきれません。そもそも、何で行事前にはこんなに時間外労働が増えてしまうのか……。だから、今回のようなケースが起こるのですよね。

今回は衣装でしたが、園のものを持ち帰ることは、いろいろとリスクがあります。園以外の場所での業務は困ります」とのことでした。

業務は命じられた場所で行う

園長先生のお考えを受けて、次のようなご提案をしました。

① 業務は命じられた場所で行う
② 業務時間内で終了できるように、業務のやり方を変える

まず、就業規則に、職員の「就業の場所」は「○○園、及び命じられた場所」と定めます。命じられた場所には、園児と一緒に行くお散歩や公園、外部の研修会場を想定しています。自宅を就業の場所として命じなければ、業務を持ち帰ることはできません。

就業規則に、「就業の場所」を定め、職員ごとの労働条件通知書にも同様の記載をします。

次に、業務のやり方を変えることについて、園長先生にどのようなお考えがあるかを伺いました。

「行事前に時間外労働が増えるのは、これまでのやり方を踏襲していること、各クラスが同じレベルの仕上がりを目指していること、これが原因かなぁ……」と、園長先生ご自身で課題が見えています。私からは、「どのように進めたらよいか迷われた時は、いつでもご相談ください。園長先生が覚悟を決めて、職員と共に取り組んでください」と園長先生の背中を押しました。

園長が変わることで職員も変わっていく

この提案を採用し、運用をスタートした1年後、園長先生に伺いました。

「お遊戯会や運動会などの行事は、『今までのやり方にこだわらず、自由な発想でアイデアを出し合って、変えなさい』と職員に言い続けました。園長自らが方針を伝えないと、昨年のように、練習のやり方や衣装はこうでなければならないという、凝り固まった考えから抜け出せないと思ったからです。

職員たちは、昨年までは時間外労働をして夜遅くまで頑張って、手の込んだ衣装を作ることに自負ややりがいを感じていたようですが、制約のある業務時間内でやる方法を考え出しました。

　今年は、お遊戯会の衣装は作らず、昨年までの衣装ストックの中から使うことにし、その衣装に合わせた演目と内容を決めていましたね。普段の保育の中でやってきたことを、そのままお遊戯会で発表する内容にして、練習のやり方も変わりました。

　行事のやり方を変えてきたことは、職員たちにとって自信になったようです。日常業務についても、業務の完成イメージから必要な時間を逆算して取り組む、重複していた書類をまとめる、決まった流れの業務は手順書にして抜けモレをなくしムダを省く……と、業務時間内でやる方法を考え、チャレンジしてみることに、手ごたえを感じているようなのです。これが、うちの園ならではの働き方改革なのだと思います」。

第2章

休暇を
考える

●第2章 休暇を考える

1 年次有給休暇を管理する

年次有給休暇とは
<small>確認</small>

　コンプライアンスの観点から確認します。年次有給休暇（以下、有給休暇）は、採用後6カ月間継続勤務し、8割以上の出勤をした職員に対して、10日付与します。その後は、1年継続勤務するごとに、11日、12日、14日、16日、18日と付与日数が増え、20日が限度です。パート職員の場合は、週の労働時間と労働日数に応じた付与日数になります。

　有給休暇は付与した日から2年間、取得できます。例えば、2019年10月1日に10日の有給休暇を付与した場合、この10日は有効期限の2021年9月30日まで取得できます。

　なお、就業規則に特に定めがなければ、有給休暇は有効期限が先に到来する分、つまり前年の繰越日数から取得します。

　園は、職員ごとの取得状況を把握するために、取得日、日数、付与日が記入できる年次有給休暇管理簿（以下、管理簿）を作成し、3年間保存しなければなりません。

有給休暇を管理しておらず運用があいまいになっている
<small>困りごと</small>

　園長先生からご相談がありました。

　「先日、職員から『有給休暇はあと何日残っていますか』と聞かれたのですが、よくわかりませんでした。ほかにも、用事を済ませてから出勤する職員が、半日の有給休暇を取得する時に、『何時に出勤すればいいですか』と聞かれ、返事に困りました」。

　お伺いすると、この園では、管理簿を作成していませんでした。申請簿のみがあり、有給休暇を取得したい職員は、取得希望日を記入し、園長先生に申請し、承認を受けて取得するという運用を行っていました。確かに、これではあと何日有給休暇が残っているのか、答えようがありません。

　現在の就業規則を確認しますと、有給休暇は、採用後6カ月間継続勤務し、8割以上出勤した職員に付与するとあり、付与日数なども法律どおりの内容です。特筆すべきは、1日単位に加え、半日単位の取得を定めていることでした。しかし、半日単位の時間数については定めがなく、園長先生が返事に困ってしまうのも、うなずけます。

適正に管理できる年次有給休暇管理簿を使う
<small>ご提案</small>

　そこで、次のような就業規則と運用をご提案しました。

---

① 有給休暇の半日単位の時間数を定める

② これまでどおり申請簿は運用する

③ 管理簿を作成する

　就業規則に、有給休暇の半日単位とは、「1日の所定労働時間の2分の1の時間数とする」と定めます。これにより、1日8時間労働なら4時間が、1日6時間労働なら3時間が、有給休暇の半日になります。

これまでどおり申請簿は運用し、加えて、管理簿（**表10**）を作成するにあたって、簡単に適正な管理ができるひな型を提供しました。作成方法を説明します。

　付与日からの1年間で1枚を使用します。まず準備として、使用期間、氏名、採用年月日、継続勤務期間、【前年より繰越分】の繰越日数と有効期限、【今年の付与分】の付与日と付与日数と有効期限、保存期限を記入します。そして、職員が有給休暇を取得したら、前年の繰越日数から、1日取得は1マスに、半日取得は半マスに、日付を左詰めで記入します。使用期間が終わったら、翌年への繰越日数と有効期限を記入します。これをくり返していきます。

　職員は、有給休暇を取得する際は、これまでどおり申請簿を使って申請し、園長の承認を受けます。事務職員に管理簿を作成してもらい、取得状況を記録、管理していきます。

視覚的にわかりやすい管理簿で運用する

　この提案を採用し、運用をスタートした後、園長先生に伺いました。

　「有給休暇の半日取得の時は、申請簿に『何時から何時』と時間帯を記入してもらっています。半日の有給休暇を取得する職員も、迷わなくなりました。

　管理簿は、有給休暇の取得日をマス目に記入していくので、何日取得しているか、何日残っているかをすぐ数えられ、視覚的にわかりやすいですね。事務職員からは『あまり負担にならずにできています』と聞いています。

　この管理簿をもとに、有給休暇の残日数を給与明細書に記載しています。これは職員からも好評です。もやもやしていた有給休暇ですが、すっきりしました」。

■表10　年次有給休暇管理簿

年次有給休暇管理簿

No.＿＿＿＿＿＿＿

2019年　10月　1日　〜　2020年　9月　30日

> この管理簿を使用する期間、付与日から1年間

氏名	福祉太郎
採用年月日	2019年　4月　1日　　継続　　年　6ヵ月

【前年より繰越分】

繰越日数	なし 日		有効期限	年　　　　月　　　　日

1	2	3	4	5	6	7	8	9	10

11	12	13	14	15	16	17	18	19	20

【今年の付与分】

付与日	2019年　10月　1日
付与日数	10 日

A 有効期限　2021年　9月　30日

> 付与日から2年間

> 付与日数の数まで○をつける

B

①	②	③	④	⑤	⑥	⑦	⑧	⑨	⑩
10/1 10/2	11/1	6/1	6/2	7/2					

11	12	13	14	15	16	17	18	19	20

> 付与日数以外は斜線を引く

> Ⓐの有効期限を記入する

【翌年へ繰越す】

残日数	5 日		有効期限	2021年　9月　30日
			保存期限〈保存期間3年〉	2023年　9月　30日

> Ⓑで○をつけた今年度付与分のうち、残っているマスの数を記入する（この例では、6〜10）

> この管理簿を使用する最終日プラス3年

有給休暇の累計取得日数、残日数が視覚的にわかりやすい管理簿の例。事務職員の負担軽減にもなる。この管理簿をもとに、残日数を給与明細書に記載するとよい。

Column

有給休暇の2つの付与パターン

有給休暇の付与の仕方には、主に2つのパターンがあります。1つは、採用後6カ月継続勤務したら付与し、その後は1年継続勤務するごとに付与するという、法律どおりの「原則付与」。もう1つは、採用時に付与し、その後は毎年4月1日に全ての職員に付与するという、「4月1日一斉付与」です。

ほとんどの園は、有給休暇の付与の仕方をいずれかのパターンとしています。それぞれの割合は、私の感覚では、ちょうど半々くらいです。

園長先生からは「どちらのパターンがよいか」と、ご相談をいただくことがあります。どちらのパターンを選択するかは、園長先生が有給休暇について「どうしたいか」によって異なります。

例えば、「夏休みに有給休暇をとらせたい」「職員の人数が多いため管理はシンプルにしたい」という場合は、「4月1日一斉付与」をご提案します。ただし、採用時に付与するため、採用後すぐ退職する場合であっても、有給休暇を全て取得してから退職となるデメリットはあります。

一方で、「法律どおりの付与時期と付与日数にしたい」「採用後すぐ退職するのに有給休暇を全て取得するのは避けたい」という場合は、「原則付与」をお勧めします。職員ごとに付与日が異なるため、多少の手間はかかります。

なお、「原則付与」は、採用から6カ月間は有給休暇が付与されないため、この間に病気などで欠勤すると給与が減額されます。わずか数日、体調を崩しただけで給与の減額は忍びないという場合には、採用から6カ月間限定の有給の特別休暇の設定をお勧めしています。例えば、「正当な理由があり欠勤する時は、採用から6カ月間に限って2日」と設定すれば、病気などで欠勤があっても2日間は給与の減額はありません。しかし、結果として有給休暇が2日増えたのと同じことになります。また、6カ月間限定のため、取得する職員とそうでない職員との公平性を欠くという面もあります。

それぞれの有給休暇の付与パターンの特徴を踏まえて、最適な選択をしていただければと思います。

●第2章 休暇を考える

2 年次有給休暇、働き方改革でどう変わる？

年次有給休暇の年5日取得義務

コンプライアンスの観点から確認します。年次有給休暇（以下、有給休暇）を10日以上付与する職員については、付与した日から1年以内に、園が時季を指定して年5日を取得させなければなりません。正規職員に加え、パート職員も対象になる場合があります。法律どおりに有給休暇を付与する「原則付与」（38ページ）の場合の付与日数は、**表11-1**をご覧ください。

ただし、計画的付与※により取得した日数と、職員自らの希望により取得した日数については、年5日取得義務の5日分としてカウントするため、園が時季を指定する必要はなく、時季を指定することもできません。例えば、計画的付与「1日」、職員自ら「2日」の有給休暇を取得した場合は、園は残りの「2日」のみ時季指定をして取得させなければならない、ということになります。なお、園が時季指定を行うには、就業規則に定めなければなりません。

※計画的付与：前もって計画的に取得日を割り振り、計画どおりに取得させる方法。職員ごとの残日数から5日を除いた残りの日数を、計画的付与の対象にできる。例えば、有給休暇の残日数が7日の職員の場合は、5日は職員自らの希望による取得を保障し、残り2日を計画的付与として取得させることができる。実施するには、就業規則に定めることに加え、労使協定を締結する必要がある。この労使協定は、労働基準監督署へ提出する必要はない。

保育に支障がでないよう有給休暇を取得させたい

園長先生からご相談がありました。

「有給休暇を年5日取得できていない職員が3人います。どうやってとらせたらいいのか……。その一方で、ほかの職員は、年5日以上は取得していますね。園児の活動を充実させるために手厚い職員配置をしたい時に有給休暇の取得があると、当初計画していた保育が十分に実施できないこともあります。例えば、有給休暇は6月にとるよりも、できれば夏休みになり、1号子どもが少なくなる時にとって欲しいのですが……なかなか、思うように職員配置がで

■表11-1 「原則付与」の有給休暇の日数表

週所定労働時間	週所定労働日数	1年間の所定労働日数	6カ月	1年6カ月	2年6カ月	3年6カ月	4年6カ月	5年6カ月	6年6カ月以上
30時間以上			10日	11日	12日	14日	16日	18日	20日
30時間未満	5日以上	217日以上							
	4日	169〜216日	7日	8日	9日	10日	12日	13日	15日
	3日	121〜168日	5日	6日	6日	8日	9日	10日	11日
	2日	73〜120日	3日	4日	4日	5日	6日	6日	7日
	1日	48〜72日	1日	2日	2日	2日	3日	3日	3日

きません」。

現在の就業規則を確認しますと、有給休暇の付与については、採用時に付与し、その後は毎年4月1日に全ての職員に付与する「4月1日一斉付与」としています。「4月1日一斉付与」は、法律どおりの継続勤務期間の経過を待たずに付与日が前倒しになります。有給休暇の取得については、職員自らが希望する日付を申請し取得する方法のみ、定められています。

計画的付与と園からの時季指定を効果的に使い分ける

園長先生の2つの困りごとの改善に向け、次のような就業規則と運用のご提案をしました。

① 計画的付与を定める
② 計画的付与の労使協定を締結し、取得させる
③ 園が時季指定を行うことを定める
④ 必要に応じて園が時季指定を行い、取得させる

●計画的付与による取得

就業規則に、労使協定を締結し計画的付与を行うことを定めます。

園児の登園が最も減る時期を伺うと、8月13～16日の4日間は、1号子どもの預かり保育は実施しておらず、2号子どもと3号子どもは5割程の登園になるとのことでした。この4日間に計画的付与を導入します。4月1日に有給休暇が10日以上付与された、年5日の取得義務がある職員（パート職員も含む、**表11-2**）を2つのグループに分けます。グループごとに、13～14日の2日間、15～16日の2日間のいずれかで取得させる割り振りを主任にお願いします。4月上旬には労使協定を作成、締結します。そして、計画どおり8月に2日間の有給休暇を職員に取得させます。

●園からの時季指定による取得

就業規則に、年5日取得義務のある職員に対して、園が時季指定を行うことを定めます。

そして、園長先生の心配の種となっている年5日の取得ができていない3人へ対応します。8月の計画的付与2日分を除いた残りの3日については、園が時季指定をして取得させることにします。

年度後半になると、行事や次年度準備が立て込むため、1号子どもが夏休みになる7～8月に3日の時季指定をします。具体的には、3人に7～8月のいつ頃取得したいのか希望を聞き、できる限り希望に沿う形で取得日を決め、「A先生は、7月31日、8月1日、8月20日の3日間は、有給休暇をとってくださいね」「B先生は……」「C先生は……」と、それぞれに伝えます。園が時季指定した有給休暇を踏まえて勤務表の作成ができるように、主任に情報を共有します。計画的付与の労使協定締結と同時期に、時季指定をしておくとよいでしょう。そして、園が時季指定した日付どおりに、有給休暇を取得させます。

職員配置がしやすく保育計画にも工夫が

その後

この提案を採用し、運用をスタートした後の秋に、園長先生に伺いました。

「年度当初に、計画的付与の労使協定を締結しておいてよかったですね。職員は、8月に有給休暇を取得することが決まっていたので、特に4月から6月にかけては、有給休暇をとることは控えていたようです。その分、職員配置がしやすくなりました。

計画的付与を導入した8月の4日間は、クラスの垣根を取り払い、異年齢保育にするよう主任にお願いしました。主任を中心に幼児リーダーと乳児リーダーの3人が、夏ならではの遊びを取り入れた保育計画を作成しました。0歳児から5歳児までが一緒に過ごす時間帯も計画されていて、普段とは違う保育を、少人数ならではのゆったりとした雰囲気で、園児も職員も楽しんでいました。たまには、こんな保育もよいものですね。

心配の種だった3人には、8月に計画的付与2日、7〜8月に園が時季指定3日をして、5日取得させることができました。ほっとしました。3人の職員ですが、久しぶりに旅行に行ったり、友人に会ったりして、リフレッシュしてきたようです」。

【補足】
- 年5日取得義務の5日分にカウントができるのは、1日単位、半日単位で取得した有給休暇です。時間単位で取得した有給休暇は5日分のカウントに含めることはできません。

■表11-2「4月1日一斉付与」の有給休暇の日数表

●採用時に付与

週所定労働時間	週所定労働日数	1年間の所定労働日数※	採用月日 4/1〜9/30
30時間以上			10日
30時間未満	5日以上	217日以上	10日
	4日	169〜216日	7日
	3日	121〜168日	5日
	2日	73〜120日	3日
	1日	48〜72日	1日

●4月1日に付与

週所定労働時間	週所定労働日数	1年間の所定労働日数※	3月31日時点の継続勤務期間					
			〜1年	1年超〜2年	2年超〜3年	3年超〜4年	4年超〜5年	5年超〜
30時間以上			11日	12日	14日	16日	18日	20日
30時間未満	5日以上	217日以上	11日	12日	14日	16日	18日	20日
	4日	169〜216日	8日	9日	10日	12日	13日	15日
	3日	121〜168日	6日	6日	8日	9日	10日	11日
	2日	73〜120日	4日	4日	5日	6日	6日	7日
	1日	48〜72日	2日	2日	2日	3日	3日	3日

　　　　　年5日の取得義務の対象者　　※週所定労働日数が定められていない場合

●第2章 休暇を考える

3 特別休暇を見直す

特別休暇とは

確認

　コンプライアンスの観点から確認します。特別休暇は、労働法によって義務付けられている法定休暇※とは違い、労働法に定めがなく、園が職員に対して任意に付与する休暇のことをいいます。その内容、有給か無給か等についても、園が任意に決めることができます。

　しかし、特別休暇を設定するなら、就業規則に定めなければなりません。定める時は、特別休暇の対象者、付与要件、日数、有給か無給か等を明らかにします。

　すでに就業規則に定めている特別休暇の内容を、不利益変更することは原則としてできません。しかし、その変更が合理的なものであれば認められます。職員が受ける不利益の程度が大きすぎないか、変更の必要性が確かにあるのか、職員と十分に話し合ったか、代償措置はあるのか等により、合理的なものかどうかは総合的に判断されます。

※法定休暇：年次有給休暇、産前産後休業、育児休業、子の看護休暇、育児時間、介護休業等がある。

特別休暇を見直したい

困りごと

　園長先生からご相談がありました。
　「お悔み休暇で、急なお休みが入ると、不在をカバーする職員の業務負担が増え、時間外労働となることもあります。頻繁にお悔み休暇を申請する職員が数名おり、不在をカバーすることが多い職員からは、不満の声があがることもあります。お悔み休暇の親族の範囲や、日数を見直したいです」。

　現在の就業規則を確認しますと、特別休暇として結婚休暇は連続5日、お悔み休暇は、配偶者、父母、子の場合は連続5日、義父母、祖父母の場合は連続4日、（略）義伯父叔母は連続2日、曾祖父母、義祖父母の場合は1日です。特別休暇は職員からの申請に基づき付与すると定めており、有給としています。付与要件については定めがありませんでした。

特別休暇について職員と話し合う

ご提案

　代償措置なくお悔み休暇の親族の範囲を狭め、日数を減らすことは、これまで頻繁に使ってきた職員がいることから反対の声が上がることも考えられました。そこで、次のようなご提案しました。

① 特別休暇の見直し、次の（ア）（イ）について職員と話し合い、就業規則に定める
　（ア）付与要件
　（イ）証明書の提出
② これまでどおり特別休暇は職員が申請する
③ 園長は付与要件、証明書を確認し付与する

特別休暇の見直しについて、職員との話し合いの場を設けます。

まずは、付与要件についてです。

お悔み休暇を付与する期間は、いちばん多い付与日数が5日であることから、死亡日の翌日から5日以内がよいのではと意見があり、これを採用します。例えば、配偶者が9月3日（金）に亡くなった場合の連続5日のお悔やみ休暇は、死亡日の翌日から5日以内となる9月8日（水）までの期間で、付与することになります。

結婚休暇を付与する期間は「入籍後、落ち着いてからお披露目や旅行することが増えている」と意見があり、入籍日から6カ月以内とします。そのほか、結婚休暇は在籍中1回に限るとしました。

また、「特別休暇の申請時には、きちんと確認してから付与したいので、証明書も提出して欲しい。公的なものでなくても、お悔やみ休暇ならご葬儀案内や会葬御礼でかまわない」と園長から伝えたところ、特に職員からの意見はありませんでした。

職員との話し合いを経て、就業規則に付与要件と、申請時に証明書を提出することを定めます。

>……申請に基づき、次の日数を限度として特別休暇を付与する。なお、申請にあたり証明書を提出することとする。
>
>●結婚休暇（有給）：連続5日
> ・入籍日から6カ月以内
> ・在籍中1回に限る
>
>●お悔み休暇（有給）：死亡日の翌日から5日以内
>（1）配偶者：連続5日
>------------------ 略 ------------------
>（10）義祖父母：1日

これまでどおり特別休暇は、職員が申請し、園長は、就業規則の付与要件と証明書を確認した上で付与します。

付与要件が明確になり申請件数が減少

この提案を採用し、運用をスタートした後、園長先生に伺いました。

「お悔み休暇については、申請件数が減りました。付与要件が明確になり、証明書を提出してもらうようにしたからでしょう。

職員からは、『わかりやすいし、納得できる内容になった』という声が聞かれます。職員と話し合ってよかったと思います。

結婚休暇の申請時に、住民票記載事項証明書を提出してもらい、結婚のタイミングで引っ越しをする職員の通勤手当、住宅手当を確認し、振込口座の名義変更をすることに、ヌケモレがなくなりました」。

産休育休を前向きに捉えよう

産休育休から復帰する職員がスムーズに現場に戻り、あとに続く職員にとってよい先例となるようにするには、職員のライフイベントである出産・育児を応援し、産休育休を前向きに捉えることが必要です。休業前の引き継ぎ、休業中の連絡、復帰前の状況把握、復帰後のフォローと、一連の流れを継続して取り組むことをお勧めしています。

■休業前
引き継ぐ業務を洗い出します。だれにいつ、何の業務を引き継いだか、一覧表にまとめておくことで、休業中も業務の滞りがありません。

■休業中
給与ゼロでも給与明細書を発行し、毎月、休業中の職員に郵送します。あわせて出産手当金や育児休業給付金の書類、園だより、園内研修の資料を同封します。園長先生からの一筆を添えて、園とつながっているという気持ちをもってもらい、復帰に対する抵抗感をやわらげます。

■復帰前
子どもの預け先、配偶者や親族からの子育てのサポート、働き方の希望や配慮して欲しいことなどをヒアリングします。育児短時間勤務が利用できることを説明し、復帰後の働き方を決めます。復帰する2カ月前頃が目安です。

■復帰後
復帰して1カ月経過した頃、業務、体調、子育てのことで気になることがないかをヒアリングし、必要なフォローをします。その後も折にふれ、ヒアリングしながら復帰後のフォローを継続します。

多くの女性が活躍する園では、出産、育児を避けて通ることはできません。また、今後は男性職員が育児休業を取得することも増えるでしょう。就業規則は、法で定める産休育休のとおりでかまいません。それを前向きに捉える園長先生の取り組みが重要です。産休育休を取得する職員を支援して、職場復帰を後押ししていただきたいと思います。

第3章

人材育成を
考える

●第3章 人材育成を考える

処遇改善等加算Ⅱを園経営に活かす

処遇改善等加算Ⅱとは
確認

　コンプライアンスの観点から確認します。国が処遇改善等加算を実施する目的は、職員の資質向上を図り、質の高い教育・保育を安定的に供給するためです。そのための技能・経験を積んだ職員に係る追加的な人件費の加算が、処遇改善等加算Ⅱです。

　対象となるのは、副主任保育士、専門リーダー、中核リーダー（以下、副主任保育士等）、職務分野別リーダー、若手リーダー（以下、職務分野別リーダー等）等の職位の発令や職務命令を受けている職員です。職位の名称は例示ですので、これらの職位に相当する、別の名称でもかまいません。多くの園では、園内での職務内容に見合う名称（○○リーダー等）としています。

　園は、処遇改善等加算Ⅱの試算シートに園児数や職員配置等を入力し、人数A、人数Bを計算し、加算額を確認します。対象職員には、職位と職務に応じて、月額手当を支給します。

　副主任保育士等には原則として月額4万円を支給します。ただし、人数Aに1／2を乗じて得た人数（1人未満の端数切り捨て）に月額4万円を支給し、残額は月額5千円以上4万円未満の範囲で支給することもできます。

　職務分野別リーダー等には原則として月額5千円を支給します。ただし、副主任保育士等の残額を配分する場合は、5千円以上、副主任保育士等のうち、いちばん低い額を超えない範囲で支給することもできます。なお、職務分野別リーダー等の人数は、人数B以上としなければなりません。

　また、園は、処遇改善等加算Ⅱの賃金改善計画書を作成し、職員に周知しなければなりません。

　この処遇改善等加算Ⅱの制度を園に導入し、月額手当を支給するには、「賃金に関する事項」に該当するため、賃金規程に定めなければなりません。

求める保育と手当の関連性を職員に意識づけたい
困りごと

　園長先生からご相談がありました。

　「処遇改善等加算Ⅱの手当を、毎月の給与で支給しています。行政に提出した賃金改善計画書は、よくわからなかったので記載例のまま『専門リーダー』『職務分野別リーダー』と記入しました。任命辞令も、その名称で交付しました。職員にしてみれば、突然、手当が増えたという感じでしかないと思います」。

　どのような園にしたいのか伺ったところ、「先日、設立時の記事を見つけた時、法人理念『ともに育ち合う子どもたち』に込められた先代の想いに気付かされました。それは、わが園の主役は子どもたちだということです。それには、職員同士が保育に対する連携と共通理解を図ること、が必要です。

　しかし、職員たちは、書面で示している

本来の業務内容にはしっかり取り組んでいますが、ほかのクラスの保育士と情報交換する、教え合う、ということがあまり見られません。お互いに遠慮してほかのクラスの保育士には口を出さないようです。

法人理念に基づき、異年齢児保育や発達支援が必要な子どもも、同じ生活空間と時間で活動できるような保育の再構築に取り組みたいのですが、0歳児から5歳児までの保育の連続性が欠けていることが気になっています。処遇改善等加算Ⅱの対象職員たちには、もう少し積極的にやってもらいたいと思っていますが、何から手をつけたらよいのか……」と話してくださいました。さらにお伺いすると、賃金改善計画書の計画内容について、職員への周知はあいまいだったようです。

また、現在の賃金規程を確認しますと、処遇改善等加算Ⅱについては、「賃金に関する事項」の定めはありませんでした。

処遇改善等加算Ⅱの仕組みを構築する
（ご提案）

私は、園長先生がお話しくださった園経営の目的と、国が処遇改善等加算を実施する目的が合致すると考えました。そこで、本来の業務内容を土台として、処遇改善等加算Ⅱの仕組みを構築し、就業規則と賃金規程に定めることをご提案しました。

●処遇改善等加算Ⅱの仕組みを構築する

① 処遇改善等加算Ⅱの職位を見直し、職務内容を明文化し、就業規則に定める
② 処遇改善等加算Ⅱの月額手当を支給することを賃金規程に定める

処遇改善等加算Ⅱの職位を設けるため、組織の大枠を形にし（**図12-1**）、園長先生が思い描く構想を確認します。次に、異年齢児保育と発達支援児の受け入れを研究

第3章　人材育成を考える

■図12-1　組織の大枠のイメージ

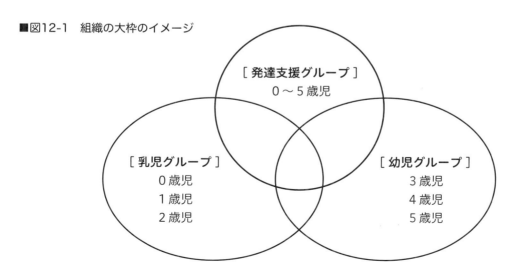

し、推進・実現する「乳児リーダー」「幼児リーダー」「発達支援リーダー」などを設けます。そして、リーダーごとに保育の再構築のための具体的な職務内容を明文化します（**表12-2** 以下、別表）。別表の作成ポイントは2つあります。

(1) 本来の業務に上乗せする内容であること。別表の「乳児リーダー」と本来の業務「保育士」を比較してみるとわかりやすいと思います（**表12-2、表12-3**）。

(2) 指示や指導、連携や協力といった職員間の関係を盛り込むこと。（別表の該当箇所に下線）必然的に情報交換をしたり教え合ったりするようにし、職員間、グループで協働する「組織づくり」を目指します。必要な会議の構成メンバーからも協力体制を組める「組織づくり」を意識しています。なお、作成する時の留意点としては、「A先生だったらこれもやってもらいたい」といった特定の職員を思い浮かべた内容にしないことです。

　別表を就業規則に定めます。そして、職務内容の難易度や業務量を勘案し、「乳児リーダー」「幼児リーダー」「発達支援リーダー」などは4万円、「乳児サブリーダー」「幼児サブリーダー」「発達支援サブリーダー」などは2万円……と、処遇改善等加算Ⅱを月額手当により支給することを賃金規程に定めます。

●処遇改善等加算Ⅱの仕組みを運用する

　続いて、次のような運用をご提案しました。

③ 全職員に処遇改善等加算Ⅱの仕組みを周知する
④ 賃金改善計画書を周知する
⑤ 任命辞令を交付する
⑥ 対象職員は別表の職務内容に取り組む
⑦ 処遇改善等加算Ⅱの月額手当を支給する

　園長から全職員に対して、就業規則、別表、賃金規程を示し、処遇改善等加算Ⅱの仕組みを周知します。そして、賃金改善計画書の計画内容について職員に周知します。続いて、任命辞令を交付します。辞令には、リーダー名とあわせ、取り組むべき職務内容についても記載します。任命された職員は別表の職務内容に取り組み、そして処遇改善等加算Ⅱの月額手当を支給します。

　職員に周知する際には、次の内容も加えます。

　「法人理念に基づき、保育の再構築をめざし、乳児・幼児・発達支援の3つのグループをつくり、異年齢児保育や発達支援児の受け入れを進めていきます。そのためのリーダー会議を月1回開催し、主任と3つのグループのリーダーとサブリーダーが参加します。そして、リーダー会議の内容は、各リーダーが持ち帰って、グループ会議で共有します」。

■表12-2　別表

処遇改善等加算Ⅱに係る
リーダー職の職務内容

リーダー名称	リーダーの職務内容
主任保育士	●園の方針に基づき、**園長、乳児リーダー、幼児リーダー、発達支援リーダーと共に研究し**、異年齢児保育と発達支援児の受け入れの構想を具現化する ●**リーダー会議を開催し**、異年齢児保育と発達支援児の受け入れの実現に向けた準備から、保育実践までの全ての過程において、リーダーに助言、援助し、必要に応じて調整を図り、統括する
乳児リーダー	●園の方針に基づき、**園長、主任と共に研究し**、異年齢児保育の構想を具現化する ●**リーダー会議に参画し、乳児グループ会議を開催し**、乳児を中心とした異年齢児保育の実現に向けた準備から保育実践までを推進する
乳児サブリーダー	●**リーダー会議に参加し、乳児グループ会議に参画し**、乳児リーダーの業務全般を補佐する

ポイント（2）
職員間の関係と必要
な会議の構成メンバ
ーを記載

ポイント（1）
リーダーの職務内容
は、保育士の本来の
業務に上乗せ

本来の業務内容

■表12-3　業務内容

順位、職種	業務内容
園長	理事会の決定事項の執行、園全体の経営及び運営管理全般、園全体の庶務・人事及び経理事務管理、職員の配置計画及び労務管理……
主任保育士	園長不在時の一部代行、園長業務の補佐、園児の保育、園全体の指導計画作成、園全体の保育業務の指導及び管理、園行事担当者支援及び家庭との連携、保育室の清掃に関する計画の作成……
保育士	クラスの指導計画作成、保育業務、保護者支援及び家庭との連携、保育室の清掃、衛生管理と火器取扱い管理、園内外の清掃管理、器具備品、遊具の点検……

第3章　人材育成を考える

確実に運用できる方法を探り、めざす保育を実現する

　この提案を採用し、運用がスタートした半年後、園長先生に伺いました。

　「処遇改善等加算Ⅱのリーダーの職務内容を明文化し周知したので、リーダーたちが取り組み始めました。リーダーたちが職務内容を遂行できるように育成することが、私自身のやるべきことだということに気付き、人材育成に取り組んでいます。

　運用がスタートしたばかりの頃は、リーダーたちの予定が合わず、また主任もリーダー会議を失念していることがあり、月1回のリーダー会議ができないこともありました。このままでは、なし崩しになってしまうと思い、年間行事予定に日程を組み込みました。リーダー会議のメンバーが参加できるように、主任が勤務表を作成することが定着してきました。

　リーダーたちは、主任にも度々アドバイスをもらうようになりましたし、私と相談をする機会が増えてきています。初めてリーダーとなった職員もいますが、アドバイスをもらえる人がいて、相談先があるのは心強いようです。

　幼児リーダーは、少しずつですが自分のクラスという枠を取り払い、グループのリーダーとしてほかのクラスの状況にも目配りができるようになり、視野が広がっています。異年齢児保育の活動も徐々に増えてきています。

　リーダー会議では、各グループでの取り組み状況を報告し合い、共有し、次の活動に活かそうとしています。先日は、乳児リーダーから、2歳児の行動を見て1歳児が真似をするようになり、園児たちのできることが増え、他者への興味が広がっていると報告がありました。それを受け、幼児リーダーからは、『乳児と幼児、そして発達支援グループが一緒にできるような活動を考えてみませんか』と提案があり、来月初めて実施する予定です。リーダー同士がお互いの悩みを聞き合うこともあり、ほっとできる場にもなっているようです。

　保育士たちには、グループ会議の時だけでなく、どのような仕掛けをしたら子ども同士のかかわりを深められるか、常日頃から情報共有をして欲しいのですが、一足飛びにはいきません。まずは、ほかのクラスの保育でも、これまでの自分の経験から気付いたことを伝え合う関係を築くにはどうしたらよいか、思案中です。

　めざす保育の再構築には、まだ時間がかかりそうですが、私や主任を中心に、リーダーたちが主体となって考え、ほかの職員と協働し、試行錯誤しながらも保育を進める姿は新鮮です」。

　お話ししてくださった園長先生のご様子からは、「人材育成」と「組織づくり」に手応えを感じている様子がうかがえました。

Column

処遇改善等加算II
それぞれの園のリーダー名と職務内容

処遇改善等加算IIの制度を園に導入する際には、職位と職務内容を就業規則に定めることをお勧めしています。50〜54ページでは、異年齢児保育や発達支援児の受け入れを進めていく「乳児リーダー」「幼児リーダー」「発達支援リーダー」などと、その職務内容をご紹介しました。これは、あくまでも一例です。園長先生が実現したいことによって、それぞれの園ごとに異なるものです。

ある園では、クラス業務には収まりきらない園全体にかかわることをスムーズに進めるために、既存の委員会に着目した組織づくりをしています。具体的には、既存の委員会に、保育環境、保健衛生、安全管理などをそれぞれ割り振ります。そして、委員会メンバーの中から処遇改善等加算IIの「保育環境リーダー」「保健衛生リーダー」「安全管理リーダー」などを任命します。

例えば、保育環境リーダーの職務内容は、「園内環境整備年間計画の作成及び実施、園児と共に環境整備の実践（園舎・園庭・花壇の整備など）」です。保育環境リーダーが全てを1人でこなすのではなく、環境整備の場所や日時を職員に割り振り、可能なものは園児と共に実践してもらい、進捗状況を確認します。園全体の保育環境について、リーダーとして年間計画に沿って采配します。

また、ある園では、園の特色である自然遊びや楽器を、より日々の保育に取り入れて実践発表までを担う保育者を育成したいと、処遇改善等加算IIの「自然遊びリーダー」「楽器リーダー」を設けています。従来は、園長や主任を中心に進めてきたのですが、園の特色をより打ち出すには、保育者が主体となって進め、継続することが重要と考えてのことです。

例えば、自然遊びリーダーの職務内容は、「園長の指示のもと、主任と連携し、自然遊びを計画し実施する。自然遊び講師とのミーティング、実践発表・報告」としています。

リーダーたちは、ポジションと職務内容が与えられ、取り組むことで成長していきます。園長先生の励ましや承認が、リーダーたちのやる気を引き出し、成長を後押しします。園長先生が実現したいことに向けて、処遇改善等加算IIの制度を園経営に活かしてください。

●第3章 人材育成を考える

2 業務命令としての研修受講から主体性を育む

業務として研修受講を命じるには
確認

　コンプライアンスの観点から確認します。業務として研修受講を命じるには、「職業訓練に関する事項」として、就業規則に定めなければなりません。

　多くの園長先生が、職員の資質向上をめざし、保育現場において業務を通して行う教育訓練（OJT）に加え、園内研修や外部研修（Off-JT）の受講を組み合わせて、学びの機会を設けています。特に、外部研修の受講後は、レポートの提出と全職員への回覧、あるいは園内での報告会などの取り組みを行っていることが多いようです。レポート提出や報告を、業務の一環として取り組ませることは、園が通常有している業務命令の範囲内にあたると考えられるため、就業規則には「研修を受けなければならない」旨のみを定めることで足ります。

　しかし、レポート提出や報告をさせることについて明確な根拠や強制力をもたせるには、就業規則に定めておくことが望ましいでしょう。

研修で学んだことが保育に活かされない
困りごと

　園長先生からご相談がありました。
　「受講後は、すぐにレポートを提出させています。レポートを読むと、なるほどと思った研修内容を挙げ、『勉強になりました』『ためになりました』とあります。ところが、せっかく研修で学んだことが活かされず、保育は何も変わりません。人手不足の中、職員配置をやりくりして受講させたのだから、よい学びは、主体的に実践に取り入れていく……、そんな職員を育成したいのです」。

　現在の就業規則を確認しますと、「研修を受けなければならない」とだけ定めています。

研修に関する運用の仕組みを構築
ご提案

　園長先生のお考えを受けて、事前に研修の受講目的を明確にし、その目的に沿った学びを実践に取り入れ、取り組ませる仕組みを構築し、就業規則に定め、運用することをご提案しました。

① 受講後、研修受講シートを提出することを就業規則に定める
② 研修受講シートを導入する
③ 園長は、事前に受講目的を職員と確認する
④ 職員は、研修での学びを実践に取り入れ、取り組む
⑤ 職員は、受講の1カ月後に、研修受講シートを提出する

　現在の就業規則の研修受講だけを定めた条文に加え、受講後には研修受講シートを提出することも定めます。そして研修レポートに代えて研修受講シート（**表13**）を導入します。

まず事前に、何を得るために研修を受講するのかを明確にし、受講目的を研修受講シートに記入します。「困りごとは○○、改善策や方法のヒントを得るために参加する」「○○についての知識技能を深める」と受講目的を、園長と職員で確認します。そして、「研修での学びを実践してね。期待しているよ」と言葉を添えて研修に送り出します。この5分程度の対話が効果を生みます。

　研修を受講後、職員は記入済みの受講目的に沿って、研修での学びを日々の保育で実践してみます。そして、実践によって、どのような結果があったのかを記入します。実践で取り組む期間を設けるため、研修受講シートの提出を、あえて受講の1カ月後としています。また、記入項目からも、研修での学びを実践に取り入れ、取り組むことが必須になります。

職員の主体性が育まれ園長自身も変わった

　この提案を採用し、運用をスタートした後、園長先生に伺いました。

　「研修での学びを実践に取り入れて欲しい、そのための就業規則改定と、研修受講シートの導入であることを職員に説明しました。

　受講後は立ち話程度になりますが、どんな学びがあったか職員と対話し、研修での学びを実践に取り入れているか、保育の様子をもっとこまめに見て回ろうと思います。事前に確認した受講目的に沿って取り組んでいることを褒め、『実践してみて、どうだったか』を職員に尋ね、改善点を伝え、アドバイスをしていきます。指導育成を担当している主任にも、受講目的を共有し、園内の協力体制を調整することも必要ですね。必要な関連書籍があれば、園で購入することを検討しても……と、私の決意と職員への期待を伝えました。

　子どもを引きつける保育技術を学び直すことを受講目的とした職員が、1カ月後に提出してくれた研修受講シートには『子どもたちの声の響きがよくなり、楽しんでいる』とあり、手応えを感じていることがうかがえました。

　そして、一度、手応えを得た職員たちは、『次はこうしてみよう』『そのために○○を学ぼう』と意欲的に自己研鑽に励み、よいサイクルが回りだしたと感じています。これまで、指示待ちや答えだけを欲しがっていた職員たちに、主体性が育まれてきました。

　研修の機会を十分に与えていれば、役割は果たしたと思っていた私自身が変わるきっかけにもなりましたし、学びを実践に取り入れる職員を後押ししながら、次はどんな学びが必要になるか、職員の一歩先、二歩先を考えています」。

第3章　人材育成を考える

■表13　研修受講シート

研修受講シート

↓受講日の１カ月後に提出すること

提出日		氏　名	

（１）　研修を受講する

日時	場所

研修名

受講目的

（２）研修で学んだこと、気付いたこと

（３）　学びや気付きを実践に取り入れ、取り組む

実施状況

結果

園長よりコメント

第4章

非正規職員について考える

●第4章 非正規職員について考える

1 非正規職員には労働条件通知書がカギになる

労働条件通知書とは

確認

　コンプライアンスの観点から確認します。労働条件通知書とは、労働契約を締結（契約更新を含む）する際に交付する、始業・終業時刻、休日などの労働条件を記載した書面のことです。労働条件通知書に記載する労働条件には、必ず明示しなければならない事項と、定めをする場合に明示しなければならない事項があります（**表14-1**）。

足りないところに非正規職員を配置したい

困りごと

　園長先生からご相談がありました。
　「正規職員が足りない時間帯や日に、非正規職員を配置しようとしても、『都合がつかない』と断られてしまうことがあります。逆に、配置は足りているのに、『この日でしたら出勤できます』という申し出もあります。また、ついつい忙しいこともあり、非正規職員には目が行き届かないところがあって、ちょっと気になってはいるのですが……」。
　非正規職員は、働く時間も日数も一人とり違います。そのため、非正規職員の就業規則では、正規職員の就業規則のように、始業・終業時刻、休日を統一して定めることができません。現在の非正規職員の就業規則を確認しますと、始業・終業時刻、休日については「個別の労働条件通知書に定める」とあり、これは問題ありません。

　そこで、労働条件通知書を確認しますと、「始業・終業時刻は、7:00〜19:00のうち6時間」「休日は勤務表で示した日」とあります。これでは、園が非正規職員を配置したい時間帯や日に、非正規職員の都合が合わないのも仕方がありません。

園が配置したい曜日、時間帯と非正規職員の希望をマッチング

ご提案

　非正規職員にどのように働いてもらうかは、就業規則で定めきれなかった部分を補完する労働条件通知書がカギになります。
　そこで、就業規則はそのままとし、一人ひとりの労働条件通知書を本来のあるべき姿にしていきます。そのために、契約更新前の面談の実施をご提案しました。

① 面談シートを導入する
② 非正規職員との面談日を決める
③ 非正規職員に面談シートを配布する
④ 非正規職員は、面談シートを園長に提出する
⑤ 面談を実施する
⑥ 労働条件通知書を作成する
⑦ 面談シートのコピーと、労働条件通知書を非正規職員に交付する

　非正規職員との面談内容を盛り込んだ面談シート（**表14-2**）を導入します。
　契約更新を希望している非正規職員を対象に面談を実施します。面談では、非正規職員一人ひとりの働く曜日、時間帯を、園

が配置したい曜日、時間帯とマッチングさせることをめざします。面談日は、現在の契約期間が満了する2〜3カ月前を目処に設定します。

あらかじめ、園として「勤務してもらいたい曜日、時間帯」が記載済みの面談シートを、非正規職員に配布します。

非正規職員は、園として「勤務してもらいたい曜日、時間帯」を確認しながら、勤務を希望する曜日や時間帯を、面談シートに記入します。あわせて、今年度を振り返り、頑張ったこと、課題、次年度に向けての抱負や伝えたいこと等も記入し、事前に園長に提出します。

面談では、事前に提出してもらった面談シートを元に進めます。今年度の勤務ぶりを振り返り、次年度に向けて園としてお願いしたいこと、期待していること、改善し

■表14-1

労働条件通知書に記載する労働条件

〈 **必ず明示しなければならない事項** 〉

☐ 就業の場所、従事すべき業務に関する事項

☐ 始業・終業の時刻、所定労働時間を超える労働の有無、休憩時間、休日、休暇、交代勤務に関する事項

☐ 賃金の決定、計算、支払いの方法、締め切り、支払いの時期に関する事項

☐ 退職に関する事項（解雇の事由を含む）

☐ 有期契約の場合：有期契約を更新する場合の基準に関する事項（更新の有無、契約更新の判断基準）

☐ 正規職員より1週間の所定労働時間が短い非正規職員の場合：昇給の有無、賞与の有無、退職金の有無、相談窓口

〈 **定めをする場合に明示しなければならない事項** 〉

☐ 退職手当に関する事項

☐ 臨時に支払われる賃金、賞与、1カ月を超える期間を基礎として支給される賃金に関する事項

☐ 負担させるべき食費、作業用品その他に関する事項

☐ 安全、衛生に関する事項

☐ 職業訓練に関する事項

☐ 災害補償、業務外の傷病扶助に関する事項

☐ 表彰、制裁に関する事項

☐ 休職に関する事項

てもらいたいことを伝えます。そして、園として「勤務してもらいたい曜日、時間帯」と非正規職員の希望がマッチングしていれば、更新後の労働条件とします。マッチングしなかった場合は、非正規職員の家庭状況などを聞きながら可能な限り、すり合わせをしていきます。面談内容は、全て面談シートに記入します。

この面談結果を受けて労働条件通知書（**表14-3**）を2部作成します。労働条件通知書には、例えば「月、火曜日は7:00～13:00（休憩なし）」「木、金、土曜日は16：00～19：00（休憩なし）」「休日は週2日」と、具体的に記載します。

この面談シートのコピーと一緒に労働条件通知書を非正規職員に交付し、契約更新を行います。面談シートの原本は、労働条件通知書と一緒にファイリングし、いつでも見られるようにします。

この提案を受け、園長先生は「これまでやったことがなかったけど、非正規職員との面談を1月頃にやってみるよ」と、面談シートを持ち帰られました。

管理がしやすいだけでなく非正規職員も仕事に前向きに

この提案を採用し、運用をスタートした2年後、園長先生に伺いました。

「これまでは、この日に出勤してもらえないか、と非正規職員一人ひとりに声をかけることがありましたが、今では都度、お願いするようなことはなくなりました。配置は足りています。

先日実施した契約更新前の非正規職員との面談では、『勤務日や勤務する時間帯が明らかになったので助かるし、プライベートの予定も立てやすくなりました』と言っていましたね。また、子育て真っ最中の非正規職員からは、『曜日で異なる子どもの帰宅時刻に合わせた時間帯にしてもらえたので、働きやすくなりました』と聞いています。

面談を実施する前に、非正規職員一人ひとりのことを思い浮かべながら1年間を振り返っています。正規職員をサポートして大きな戦力になっている方もいますし、1日数時間だけれど、職員配置が足りない時間帯に入ってくれる方など……本当に助かっています。正規職員だけでは回らない保育現場でどれだけ助けられているかを再認識しました。

面談シートに記入した、『次年度に向けてお願いしたいこと』はペアを組んでいるクラス担任の正規職員にも共有しました。一緒に業務を行いながら、OJTにつなげてもらえればと思います」。

非正規職員からも、こんな声が聞こえてきています。

「きちんと面談の場を設けてくださり、『人手が欲しかった延長保育の時間帯を担当してもらい助かっている、ありがとう』と言っていただき、認められている実感があって、うれしいです」。

■表14-2　面談シート

面　談　シ　ー　ト

面談日時	2019/1/31 16：00〜16：15

氏名	非正　規子

① 次年度、園が勤務してもらいたい曜日＆時間帯

	7時		9時		11時		13時		15時		17時		19時
月	○	○	○	○	○	○							
火	○	○	○	○	○	○							
水	○	○	○	○	○	○							
木	○	○									○	○	○
金											○	○	○
土	○	○									○	○	○

② 次年度、園がお願いしたいこと

クラス担任の補助。

③ 次年度、あなたが働ける曜日＆時間帯

	7時		9時		11時		13時		15時		17時		19時
月	○	○	○	○	○	○							
火	○	○	○	○	○	○							
水													
木											○	○	○
金											○	○	○
土											○	○	○

④ 今年度を振り返って、頑張ったこと

決められた勤務表どおりに、休むことなく出勤しました。

⑤ 次年度に向けての抱負など

今年度、給食の配膳から片付けまでを教えてもらったので、次年度は、
1人でこなせるようにしていきたいです。

園長が記入

非正規職員が記入

■表14-3

労働条件通知書
非正規職員用（パートタイム）

非正　規子 殿

2019年　4月1日

学校法人にこにこ学園
理事長　保育 学　［理事長印］

契約期間	2019年　4月　1日〜2020年　3月31日まで（2018年10月1日採用）
雇用形態	非正規職員（パートタイム）
就業の場所	なかよしこども園、及び命じられた場所
業務の内容	園における教育・保育業務、運営上命じられた業務　※別紙参照
始業・終業の時刻 休憩時間	1　始業・終業時刻　：①7：00〜13：00　②16：00〜19：00 2　労働日　　　　　：①月・火　　　　②木・金・土 3　休憩時間　　　　：①なし　　　　　②なし （業務上の必要に基づき、変更することがある） 詳細は非正規職員就業規則第10条
所定外労働の有無	有
休日	週　2　日　（業務上の必要に基づき、変更することがある） 詳細は非正規職員就業規則第11条
休暇	年次有給休暇等　詳細は非正規職員就業規則第16条〜23条
給与	1　時給　　　　　：　1,100円 2　諸手当　　　　：　通勤手当　195円／日（上限4,200円／月） 3　割増給与率　　：　法定時間外労働25%　※法内時間外労働は割増なし 　　　　　　　　　　　法定休日労働35% 　　　　　　　　　　　深夜労働 25% 4　給与締切日　　：　毎月末日 5　給与支払日　　：　翌月20日（その日が土日祝日の場合は前日） 6　給与支払方法　：　口座振込 7　労使協定に基づく支払時の控除：有・無（給食費：320円／食） 8　昇給　　　　　：　原則として無 9　賞与　　　　　：　無 10　退職金　　　　：　無
退職に関する 事項	1　定年制　　　　：　該当無、詳細は非正規職員就業規則第40条 2　合意退職　　　：　退職する日の30暦日前までに願い出ること 3　解雇の事由　　：　詳細は非正規職員就業規則第35条、36条、38条 4　その他　　　　：　詳細は非正規職員就業規則第39条、41条
契約更新の有無	1　契約の更新の有無：更新する場合がある 2　契約の更新は次のいずれかにより判断する （1）契約期間満了時の業務量 （2）勤務成績、態度、能力、体力 （3）従事している業務の進捗状況 （4）法人の経営状況 （5）その他特殊な事態が生じたことによる状況
社会保険等の加入	1　社会保険の加入　：　無 2　雇用保険の適用　：　有 3　労災保険の適用　：　有
相談窓口	園長：保育 園子
備考：上記に定めのない事項については、非正規職員就業規則、非正規職員賃金規程による	

Column

非正規職員は、試用期間よりも
労働契約期間の短縮で対応する

試用期間とは、わが園の職員としての適性を実際の勤務を通して確認し、本採用できるかどうかを判断するための期間です。試用期間は、長期雇用を前提とした制度です。長期雇用するからこそ、試用期間で慎重に判断する必要があります。

　多くの園で、非正規職員の契約期間は1年としています。長期雇用を前提とはしておらず、更新しない限り、契約期間が満了すると雇用は終了します。

　試用期間は、労働法に「設けなければならない」といった根拠条文はありません。試用期間を設けるか否かは、園が任意に決めることができます。しかし、非正規職員に試用期間を設けることにより、長期雇用（契約の更新）を約束しているように捉えられる懸念があります。また、1年契約の非正規職員に3カ月の試用期間を設け本採用しないと判断しても、契約期間の途中で雇用を終了するには、労働法や民法により厳格に、契約期間の満了を待つことなく雇用を終了せざるを得ないほど重大な「やむを得ない事由」が必要とされることがあります。

　このようなことから、非正規職員には、試用期間を設けることはできるものの、試用期間の本来の役割は十分に機能せず、使い勝手がよくありません。

　それでは、いったいどうしたらよいのでしょうか。お勧めは、契約期間を短くする対応です。例えば、最初の契約期間は3カ月とし、その間で、わが園の職員としての適性を判断します。もし、必要な指導をしても改善が見られないような場合は、契約期間満了で雇用を終了します。更新する場合は、次の契約期間も1年にこだわらず、適切な長さにします。

　上記のような対応をする場合、就業規則で非正規職員は「1年の契約期間を定め雇用する」としている園は、「1年以内の……」と変更してください。そして、採用時や更新の都度に、労働条件通知書の交付が必要になりますので、お忘れなく。

65

●第4章 非正規職員について考える

無期転換ルールに対応する

無期転換ルールとは
確認

コンプライアンスの観点から確認します。無期転換ルールとは、期間の定めのある労働契約（以下、有期契約）をくり返し更新して通算5年を超えた職員から申し込みがあった場合、次回の労働契約から、期間の定めのない労働契約（以下、無期契約）に転換しなければならないルールのことです。

例えば、2018年4月1日に有期契約の職員を採用した場合で見ていきましょう（**表15**）。契約期間が1年の有期契約をくり返し更新して、5回目の更新をした2023年4月1日に無期転換の申し込みをする権利（以下、申込権）が発生します（A）。そして、申込権をもった職員から、その契約期間の2023年4月1日～2024年3月31日までの間に無期転換への申し込みがあった場合（B）、次の2024年4月1日に無期転換（C）しなければなりません。

なお、申込権をもっても、無期転換の申し込みをしなかった時は、次の更新以降でも無期転換の申し込みをすることができます。

園は、申込権をもった職員からの申し込みを断ることはできませんし、申し込まないように約束させることもできません。また、これまで毎年、自動的に契約更新していたような状態にもかかわらず、申込権をもつ直前での雇止めは認められないことがあります。

無期転換後は、契約期間の定めはなくなりますが、労働時間などの労働条件については、就業規則で別段の定めをしなければ、転換前と同じです。

申込権をもった職員がいる
困りごと

園長先生からご相談がありました。

「毎年度更新し続け、5年を超えて勤務している非正規職員がいます。申し込みがあったら無期転換しなければならないのに、何をどうすればいいのか……」。

現在の就業規則を確認しますと、雇用区分は、無期契約の正規職員と有期契約の非正規職員の2つがあります。雇用区分ごとに就業規則が作成されていますが、心配されているとおり、無期転換後の雇用区分や労働条件は定めがありませんでした。

現状、配置基準上の職員数は正規職員のみで足りており、非正規職員は短時間の勤務が多く、業務内容も限定的です。園長先生は「非正規職員が無期転換しても、労働時間などの労働条件はこれまでどおりとしたい」と方向性を示されました。「無期転換しても非正規職員のまま」ですから、無期転換後も非正規職員就業規則を適用させます。ただし、現在の非正規職員就業規則のままでは、定年の定めがないため、無期転換後は終身雇用となるかもしれません。園長先生は「どんなに有能な保育者であっても、年を重ねれば、体力、視力、聴力、集中力、判断力などは落ちていきます。さ

すがに終身雇用はできません」と、おっしゃいました。

無期転換後の雇用区分と労働条件を明らかにする

そこで、「無期転換しても非正規職員のまま」とするため、無期転換後の雇用区分と労働条件を明らかにし、非正規職員就業規則に定めることをご提案しました。

> ① 非正規職員が、無期転換した後の雇用区分を、無期契約非正規職員とする
> ② 無期契約非正規職員と非正規職員との労働条件の違いを明らかにする
> ③ 非正規職員就業規則に①②を追記する

非正規職員に加えて、新たに、無期契約非正規職員の雇用区分を設けます。

無期契約非正規職員となって変わる労働条件は2つです。1つは契約期間が無期契約になり、もう1つは定年の定めがあることです。定年は、雇用を確保しなければならない年齢である65歳の年度末と定めます。それ以外の労働条件は変更しません。これらを、非正規職員就業規則に追記します。

非正規職員就業規則を根拠に説明する

この提案を採用し、運用をスタートした数カ月後、園長先生に伺いました。

「無期転換ルールについて非正規職員就業規則を根拠に説明ができるようになり、心配が払拭されました。今後、無期転換の申し込みがあっても、慌てることなく対応ができそうです」。

【補足】
● 無期転換させる職員に対しては、新たに労働条件通知書を交付してください。

■表15 無期労働契約への転換（契約期間が1年の場合）

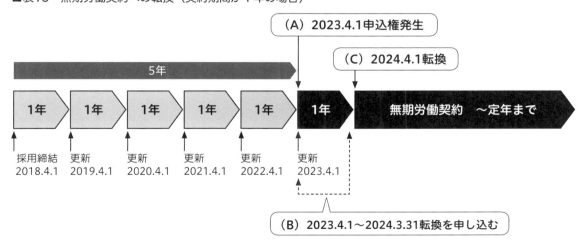

●第4章 非正規職員について考える

3 非正規職員を正規職員に登用する

 正規職員登用制度
　　　確認

　コンプライアンスの観点から確認します。正規職員登用制度とは、正規職員以外の雇用区分から正規職員へと登用する制度です。登用制度は労働法では定めがなく、設けるか否かは、園が任意に決めることができます。しかし、登用制度を設けるのであれば、就業規則に定めなければなりません。

 正規職員の採用が難しい
　　　困りごと

　園長先生からご相談がありました。
　「正規職員の補充採用が追いつきません。養成校、ハローワーク、求人サイト、就職フェアと手を尽くし、これはと思う実習生には声もかけています。しかし、このまま採用できない状態では、中心となって保育業務を進める正規職員が足りません。うちの園ならではの保育が継続できなくなりそうです」。
　職員構成、非正規職員の業務内容や労働時間について伺うと、「正規職員6割、非正規職員4割ぐらいですね。清掃や給食の配膳・片付けといった補助業務のみ、あるいは朝の受け入れ対応・夕方のお迎え対応のみの非正規職員は、1日3〜4時間程度の短時間が中心です。経験があって保育業務にも慣れている非正規職員の中には、比較的、長時間の勤務ができる方もいます」。

非正規職員を正規職員に登用する
　ご提案

　そこで、外部からの採用にこだわらず、経験がある非正規職員から正規職員に登用にするための試験を実施することを、ご提案しました。

① 試験にチャレンジできる非正規職員の要件を決める
② 試験の手続きを決める
③ 登用の時期を決める
④ ①②③を就業規則に定める
⑤ 試験にチャレンジする非正規職員を募集する

　まず、どのような非正規職員を正規職員に登用したいか、園長先生のお考えを伺いました。「少なくとも1年くらいはうちの園で勤務し、本人が希望していて、正規職員と同じ労働時間や労働日数の勤務ができること、もちろん、シフト勤務も可能であること」「正規職員として働きたいと、手を挙げてくれた非正規職員のうち、子どもへのかかわり方などの働きぶりを見て、この人だったらと思えるような非正規職員じゃないと」とお考えが示されました。そこで、試験にチャレンジできる非正規職員の要件は、1年以上の勤務経験があり、正規職員の労働時間や労働日数の勤務ができ、シフト勤務が可能であり、園長の推薦があることとします。
　試験の手続きについては「すでに私が推

薦しているし、筆記試験や実技試験のような大げさなものではなく、面接試験にしたい」とおっしゃいます。園長先生のお考えを踏まえ、面接試験の手続きを決めます。面接試験では、正規職員としての労働時間や労働日数どおりに働けるか、シフト勤務が可能かどうか確認します。さらに、正規職員を希望した理由や、どのような保育がしたいか等を確認し、合否を決定します。あわせて、合格者には非正規職員と比べると格段に業務内容が拡がることを伝え、給与額を提示します。

登用の時期は、正規職員になると給与額が変わることを考慮し、給与の締め日に合わせ、毎月1日とします。

これらを就業規則に定めます。そして、非正規職員から正規職員に登用にするための面接試験を実施することを周知し、募集をスタートします。

人材は園の中に
その後

この提案を採用し、運用をスタートした半年後、園長先生に伺いました。

「募集をスタートすると、1日6時間、週5日の勤務で、経験のある2名の非正規職員が手を挙げてくれました。

面接試験に合格した2名は、3カ月前から正規職員になりました。正規職員になり労働時間が多少増え、固定勤務からシフト勤務になりましたが、特に問題はないようです。

登用と同時に、中心となって保育業務を進めてくれています。経験のある職員で、園の保育内容や保育の進め方をわかってくれているから、正規職員として一から育成する必要もなく、助かっています。正規職員の補充採用をしようと、外にばかり目を向けていましたが、人材は園の中にもいましたね」。

正規職員として新たなスタートを切った2名からは、こんな声も聞かれます。

「子育てが一段落した2年前から、非正規職員として働きだしましたが、やっぱり保育の仕事はおもしろく、正規職員としてもっと働きたいと思いました。ただ、シフト勤務になれば、早朝に家を出ることや遅い時間に帰宅することもあるので、家庭との両立が心配でした。家族に相談したところ協力してもらえ、シフト勤務も問題なくこなせています」。

「登用で正規職員になるチャンスがあると聞き、この年だから無理かなとは思ったのですが、チャレンジしてみました。正規職員になり、日々やりがいを感じています」。

【補足】
- 非正規職員から正規職員に登用する際は、新たに労働条件通知書を交付してください。雇用区分と労働条件が変わります。
- 非正規職員から正規職員に登用にすると、非正規職員が不足し、非正規職員の補充採用が必要になる場合があります。

Column

同一労働同一賃金

同一労働同一賃金とは、同じ労働に対しては同じ賃金を支払うという考え方です。働き方改革の一環として、正規職員と非正規職員との間の不合理な待遇差を解消することが求められています。

　何が不合理な待遇差にあたるのかということについては、「均等待遇」「均衡待遇」の考え方に照らし合わせて確認します。

■均等待遇
正規職員と非正規職員との間で下記の①②が同じ場合は、全ての（基本給や手当、賞与、教育訓練など）待遇について同じ取り扱いにしなければなりません。

■均衡待遇
正規職員と非正規職員との間で下記の①②が異なっている場合は、その他の事情も考慮し、違いに応じてバランスを考慮した待遇にしなければなりません。

①職務内容（職種、業務内容、責任の程度）
②職務内容・配置の変更の範囲（転勤の有無、職種変更の有無、昇進の有無）

　例えば、正規職員、非正規職員ともに職種は保育教諭であっても、業務内容が違うのであれば「均等待遇」は必要ありません。正規職員の業務内容の1つに保育関係書類の作成があり、非正規職員にはないといった場合です。その場合には、業務内容の違いに応じてバランスを考慮した基本給などを設定する、「均衡待遇」としなければなりません。

　また、正規職員と非正規職員との間で手当に違いがある場合には、手当を支給する目的に照らし合わせて確認します。例えば、通勤手当の目的が、通勤にかかる費用を補助するのであれば、正規職員に支給し非正規職員には支給しないのは「不合理な待遇差がある」ことになります。

　なお、正規職員と非正規職員との間に待遇差がある場合、園は職員から求められたら、その内容や理由についての説明義務があります。根拠をもって合理的な説明ができるようにしておきましょう。

第5章

休職と定年を
考える

●第5章 休職と定年を考える

1 休職と復職を命じる上での判断基準

休職制度とは

　コンプライアンスの観点から確認します。休職制度とは、職員側の理由によって働くことができない場合に、労働契約を存続させたまま、一定期間、働くことを免除する制度です。休職制度は、労働法では定めがなく、設けるか否かは園が任意に決めることができます。しかし、休職制度を設けるのであれば、就業規則に定めなければなりません。

出勤できない職員への対応に悩む

　園長先生からご相談がありました。
　「体調がすぐれず、欠勤が続いている職員がいます。採用して1年にも満たない職員です。このまま欠勤扱いとするか、あるいは、休職を命じるほうがよいのか……。しかし、休職させたとしても体調が戻るかどうかわかりません。何とか復職したとしても、万全の体調ではない状態で保育にあたるのは、安全性を考えるとリスクが伴うので、どうしたらよいのか……」と、対応に悩まれていました。
　現在の就業規則を確認しますと、「欠勤が1カ月以上にわたった時……休職期間は3カ月」とあります。しかし、休職および復職を命じる判断基準等の詳細な定めはありませんでした。

休職制度の詳細を決める

　休職制度を設けるのであれば、休職と復職を命じるかどうかを判断する上での、公正で客観的な判断基準が必要です。そのほかにも、休職制度を設けるにあたって必要なことを明らかにして、就業規則に盛り込むことをご提案しました。

① 休職について（ア）〜（オ）を決める
　（ア）休職を命じる職員の要件
　（イ）休職を命じる判断基準
　（ウ）休職期間
　（エ）休職中の賃金
　（オ）休職中の留意点
② 復職について（カ）（キ）を決める
　（カ）復職後の働き方
　（キ）復職を命じる判断基準
③ 休職期間満了時の取り扱い
④ ①②③を就業規則に定める

　まずは、休職を命じる職員の要件を決めます。園長先生から「試用期間が終わり、本採用となった職員に限定したい」とお考えが示され、これを要件とします。
　次に休職を命じる判断基準を決めます。園長先生から「業務外の傷病で回復が見込まれる時」としたいが、それを確認するためには「診断書を提出してもらいたい」「でも、回復に何年もかかる場合は休職を命じたくはない」、それから、例えば「就学での休職はなし」と、具体的な方向性が明ら

かになりました。さらに、「業務外の同じ傷病が理由で、欠勤と出勤を頻繁にくり返す時」や、「出勤していたとしても、元気な時と同じ状態で働けない時」と、園でよく想定されるような状況を挙げていき、園長先生のご意向を判断基準に落としていきます。

休職期間については、「休職期間中であっても、園は社会保険料を負担しなければならないので、これまでの貢献度合を考慮し、勤続年数が長い職員と短い職員では休職期間に差を設けたい」とのご意向があり、勤続年数に応じた休職期間とします。

休職中の賃金については、現在の就業規則のとおり無給とします。なお、業務外の傷病の場合は、月給の2／3程度の傷病手当金が健康保険の給付にあります。

また、休職中は「当然、治療に専念してもらわないとね。毎月の給与から控除している、職員が負担する分の社会保険料、住民税、互助会の積立金の徴収の仕方は、休職前に本人と話し合って決めることにする」とお考えが示されましたので、これらを留意点とします。

さらに、復職については「園の組織や人員配置を考慮すると、原則として原職復帰としたい」とのお考えです。

復職を命じる判断基準については「本人からの復職願とあわせ、傷病が回復し復職が可能であると記載された主治医の診断書も提出してもらいたい」「しかし、休職の原因となった傷病が回復したと診断書に書いてあったとしても、原職復帰できるか、特にメンタル不調の場合は不安だ」とおっしゃるので、「本人との面談を実施し、園が指定する医療機関を受診させ、その医師の見解も加え、複数の管理者で復職できるか否かを判断すること。そして復職後、もし、再び同じ傷病により欠勤した場合は、復職を取り消し、直ちに休職を命じることとし、休職期間は、前の休職期間と通算すること」をご提案しました。

さらに、休職期間が満了しても復職できない場合の対応について伺います。「回復すると見込んで休職を命じたけど、回復しない場合は、残念だけど退職とせざるを得ないですね」とのお考えが示されましたので、休職期間の満了の日をもって退職とします。

私から質問をし、園長先生のお考えを伺いながらご提案をしました。

 就業規則で確認するように

この提案を採用し、運用をスタートした半年後、園長先生に伺いました。

「就業規則に、どのような職員が休職になるのか、要件や判断基準が明らかになっており、体調を崩した職員の対応に振り回されて右往左往することがなくなりました。ほかの職員への影響も最小限にできていると感じています」。

Column

合意退職とならない場合、
2週間後には退職となる

無期契約の職員から退職の申し出があった時の、民法の退職ルールを確認してみましょう。退職については、多くの園が就業規則で、申し出時期や退職日を定めています。では、民法の退職ルールと就業規則の定めでは、どちらを優先するのかということになりますが、これは、退職日が早く到来するほうを優先します。

■民法の退職ルール

2020年3月までの改正前と2020年4月以降の改正後では、退職ルールが変わります。

改正前は、無期契約の職員から退職の申し出があった時は、「申し出の日から2週間経過すると労働契約は終了」するのですが、月給制のように期間によって報酬を定めている場合は異なる扱いがあります。例えば、月末締めの場合、月の前半の申し出は当月末に、月の後半の申し出は翌月末に労働契約が終了します。

改正後は、「申し出の日から2週間経過すると労働契約は終了」するのみの、退職ルールとなります。

園の就業規則では、「退職の申し出は1カ月前」「退職日は法人が承諾した日」としていることがあります。急な退職では業務が滞るため、引き継ぎや後任者探しに必要なものとして定めているのでしょう。これはあくまでも、退職の申し出に対し法人が承諾し、労働契約が終了する合意退職に向けて、退職の申し出時期や退職日を定めているものです。

一方、合意退職とならなかった場合は、改正後の民法の退職ルールにより、2週間が経過すれば労働契約は終了します。この場合は、就業規則の「退職の申し出は1カ月前までに」「退職日は法人が承諾した日」の条文は無効となり、「退職日は申し出から2週間経過した日」となります。

退職については、就業規則の定めだけでなく、民法の退職ルールも踏まえて適切に対応してください。

●第5章 休職と定年を考える

2 定年年齢と65歳までの雇用

定年年齢
確認

コンプライアンスの観点から確認します。定年を設けるか否かは、園が任意に決めることができます。定年を設けるのであれば、就業規則に定め、かつ60歳以上としなければなりません。

ただし、定年を65歳未満で設定している場合には、65歳までの雇用を確保するため、次の（ア）～（ウ）いずれかの措置を実施することとし、就業規則を変更しなければなりません。

（ア）定年の引き上げ
（イ）継続雇用制度の導入
（ウ）定年の定めの廃止

なお、定年の対象となるのは、無期契約の職員です。一方、有期契約の職員は、そもそも労働契約の期間が決まっているため、定年という考え方自体がありません。

65歳までの雇用
困りごと

園長先生からご相談がありました。

「あと数年で、定年の60歳になる正規職員がいます。でも、65歳までは雇用しなければならないのでしょうか？ 何をどうすればよいのでしょうか」と心配そうでした。

現在の正規職員の就業規則を確認しますと、「60歳に達した年度末日をもって定年」とだけ定めていました。

65歳まで、どのように働いてもらいたいかを伺うと、「保育の現場は体力が必要だし、世代交代もしていかないと、ね。60歳に達した年度末日までは正規職員として勤務し、その後は働く時間などを見直し非正規職員としたい」とおっしゃいます。（ア）定年の引き上げと、（ウ）定年の定めの廃止のお考えはないので、（イ）継続雇用制度の導入を検討することにしました。

定年後の働き方を決める
ご提案

定年は、現在の60歳のままとし、「継続雇用制度の導入」にあたり、次のご提案をしました。

① 定年後の雇用区分を決める
② 継続雇用制度の詳細を決める
③ ①②を就業規則に定める

まず、園長先生のお考えに基づき、定年後の雇用区分は、有期契約の非正規職員とします。

対象者は、定年の時点で、就業規則に定める解雇事由や退職事由に該当していない、希望者全員とします。60歳に達した年度末日で、正規職員としては、いったん定年となり、働く時間や日数、業務内容、賃金を見直し、非正規職員として雇用契約を結び直します。以降は、非正規職員として契約更新しながら、65歳まで雇用すること

になり、非正規職員の就業規則を適用させます。これらを、就業規則に定めます。

　なお、運用するにあたっての留意点として、定年を迎える半年前頃には面談を実施して、本人の体力・意欲・能力を把握し、働く時間や日数の希望を確認するようお伝えしました。これまでの知識や経験などが活かせる配置とする配慮も必要です。そして、園運営を考慮しつつ、定年後の非正規職員としての労働時間、労働日数、業務内容を決めます。もちろん、業務内容や役割に応じた賃金を設定し、非正規職員の労働条件通知書を交付します。契約の更新をする際にも、面談を実施し、労働時間、労働日数、業務内容、賃金を見直した上で、労働条件通知書を交付します。

　また、保育現場の業務は、かがむ、しゃがむ、持ち上げる、立ち上がるといった動作の連続で、身体に、特に腰に負担がかかります。年齢を重ねるごとに身体的な機能が落ちていくことを踏まえ、動作を補助するための物を用意するなど、負担を軽減できるような準備を進めておくことをお勧めしました。

定年前に引継ぎをする
その後

　この提案を採用し、運用をスタートした後の数カ月後、園長先生に伺いました。

「定年は60歳年度末日で、これまでと変わりがないこと、定年を迎えても希望者は非正規職員として働き続けられることを、就業規則をもとに説明しました。定年を迎える前に就業規則を見直すことができ、ほっとしています。

長年蓄積してきたものを形にして引き継いでもらいたいので、定年を迎える正規職員に、これまでの保育知識、技術をまとめるようお願いしました」。

　あと数年で定年を迎える正規職員からは、こんな声も聞かれます。

「定年後どうなるのかわからず、漠然とした不安がありましたが、定年後の働き方が見えてきました。来週の園内研修に向けて、幼児の遊びをテーマに、これまでの保育実践から保育知識や技術をまとめています」。

　また、園長先生は、準備も少しずつ進めているようです。

「アドバイスを受けて、先日、0歳児クラスに、壁付けのおむつ交換台を取り付けました。これまでは、しゃがんだ状態で、おむつ替えシートを敷いて床でおむつ替えをしていたのですが、腰に負担がかかっていたようです。これが、職員にも好評です」。

【補足】
- 有期契約の職員には、定年という考え方自体がありませんが、契約更新の上限年齢を定める方法があります。「契約更新の上限年齢は64歳とし、65歳に達した年度の末日をもって契約期間を満了し、以降は更新しない」と就業規則に定めている園もあります。

エピローグ対談

コンプライアンス、内部統制、マネジメントのバランスを考えた就業規則の見直しを

就業規則を考えるためのヒントを散りばめた本書

桑戸●プロローグ対談では、就業規則はマネジメントからアプローチすることが大事であること、そして法人経営、園運営の考え方とマネジメントの観点について聞きましたが、エピローグ対談では、もう少し掘り下げて聞きたいですね。本書は、一般的な就業規則の作り方の本とは違うように思うのですが、違いを教えてください。

安岡●私と園長先生との、就業規則に関する打ち合わせや、その後の様子をまとめています。ですので、就業規則の本でありながら、「これを見れば就業規則ができあがる」といったHow to本ではありません。

1つの園の就業規則一式ができあがるまでには、園長先生との打ち合わせに20〜30時間も要します。本書では、園長先生とのやりとりの全てを伝えることはできませんので、大幅に割愛していますが、少しでも雰囲気が伝わればとの思いから会話が多い文章になっています。

読んでくださった園長先生が、「こういったことあるよね」と近しく感じながら読んでいただければうれしいですね。園長先生が、自園の就業規則を考える上でのヒントを、つかんでいただきたいとの思いで執筆しました。

桑戸●『保育ナビ』の連載時は、1回ずつの読み切りでしたが、さすがに1冊になるとかなりのボリュームがあります。どこから読むのがお勧めでしょうか。

安岡●第1章から第5章まで、労働時間、休暇……と様々なテーマを取りあげていますので、目次をご覧いただき、どのページからでも、気になったところからで構いません。どのページも、コンプライアンスを説明し、園長先生からのご相談を受けて、ご提案により就業規則を見直したり、帳票を導入したりして、後日談を伺うという構成になっています。興味をもたれた園長先生のご相談内容から読み進めてもよいと思います。

簡単に答えは出せない就業規則の見直し作業

桑戸●園の就業規則を扱い、園長先生にご満足いただけるご提案をするには、どのような打ち合わせをしているのですか。

安岡●園長先生から寄せられるご相談は、施設形態、地域、規模、職員構成、園の慣習によってそれぞれ異なります。本書では、ご相談に対して、いとも簡単にご提案をしているように思われるかもしれませんが、実際には、園長先生と「こうしたらいいのでは」「いやいやそれではダメだ」「それならこっちでは」と侃々諤々の議論をして、一緒に考えながら進めた結果です。園長先生は「こうしたいんだ」と主張し、それに

対して私は、「コンプライアンスは絶対に外せません」と伝えつつ、運用を難しくしてしまうと内部統制は機能しないし、園長先生がやりたいとおっしゃることもできるようにしないと……と悩み抜きます。

　正直、コンプライアンスだけの就業規則なら、専門家が作ったひな形で十分だと思います。でも、それでは実際の園運営とズレがでてしまい、内部統制は機能しませんし、マネジメントも実現できません。コンプライアンス、内部統制、マネジメント、この3つは、どこか1つに偏ってはいけないし、バランスが重要であると思います。

対処的な見直しはせず
専門家の手を借りるのも一案

桑戸●これから、就業規則を見直そうと考えている園長先生へのアドバスがあれば、一言お願いします。

安岡●働き方改革に伴う労働法の改正、幼児教育・保育の無償化に伴う影響などにより、職員の働き方を早急に対応させなければと、就業規則を対処的に改定するのはお勧めできません。何が課題なのかを明らかにし、改善のイメージをもち、園としてどうするかを決め、さらにそこから派生する影響を踏まえて、就業規則を改定していただきたいですね。その際に必要であれば、保育業界や子ども・子育て支援制度に精通した労務の専門家にお願いすることも一案です。

　ぜひ園長先生がやりたいことの実現に向けて、就業規則を見直していただければと思います。

　2年間の『保育ナビ』に加え、連載では伝えきれなかった内容も盛り込みました。連載時の企画・編集担当のフレーベル館の坂井克司さん、単行本化に編集協力いただいた上井美穂さんに心から感謝いたします。そして、これまで就業規則の打ち合わせを通して私を鍛えてくださった園長先生、本書を手に取ってくださった園長先生にも、心よりお礼を申し上げます。　（安岡知子）

● 著者
安岡知子（やすおか ともこ）
社会保険労務士法人 人財総研 役員、株式会社福祉総研
KYOSTA事業部長。人財コンサルタント、特定社会保険
労務士。専門家の立場から園での勤務経験をもとに、そ
れぞれの法人の現状を踏まえた「現実的なアドバイス」「実
施可能な提案」など「人」にかかわる分野で園運営を支
援している。

● 監修
桑戸真二
（株式会社福祉総研 代表取締役、社会保険労務士法人 人財総研 顧問）

● 執筆協力
長田厚子
（社会保険労務士法人 人財総研、株式会社福祉総研 KYOSTA事業部）

本書は、2017年4月号〜2019年3月号『保育ナビ』連載「そ
れぞれの園のための就業規則を考える－コンプライアンス×内
部統制×マネジメントの視点－」の内容を整理して加筆・修正
し、新規原稿を加えて編集したものです。

マンガ・イラスト／すぎやまえみこ
編集協力／こんぺいとぷらねっと

保育ナビブック
それぞれの園のための就業規則
コンプライアンス・内部統制・マネジメント

2019年11月20日　初版第1刷発行

著　者　安岡知子
発行者　飯田聡彦
発行所　株式会社フレーベル館
　　　　〒113-8611　東京都文京区本駒込6-14-9
電　話　営業：03-5395-6613
　　　　編集：03-5395-6604
振　替　00190-2-19640
印刷所　株式会社リーブルテック

表紙デザイン　blueJam inc.（茂木弘一郎）
本文デザイン　SPAIS（熊谷昭典）

©YASUOKA Tomoko 2019
禁無断転載・複写　Printed in Japan
ISBN978-4-577-81473-4　NDC376　80p／26×18cm

乱丁・落丁本はお取替えいたします。
フレーベル館のホームページ　https://www.froebel-kan.co.jp